シリーズ 権力者と仏教

河内将芳

秀吉の大仏造立

法藏館

秀吉の大仏造立＊目次

秀吉の大仏造立

はじめに

東大寺大仏殿の炎上

戦国時代も末期にさしかかった永禄《えいろく》一〇年（一五六七）一〇月一〇日、奈良東大寺《とうだいじ》大仏殿は猛火《もうか》にみまわれた。

丑《うし》の剋《こく》に大仏殿たちまちに焼けおわんぬ、猛火《もうか》天《てん》に満《み》つ、さながら雷電《らいでん》のごとし、一《いっ》
時《とき》に頓滅《とんめつ》しおわんぬ、

「丑の剋」といえば、深夜の二時ごろ。草木も眠るといわれた時刻に大仏殿は紅蓮《ぐれん》の炎におおわれた。その火は夜空高く舞いあがり、「さながら雷電のごとし」であったという。

この印象的な記事をみずからの日記に書き残したのは、奈良興福寺《こうふくじ》多聞院《たもんいん》の僧長実房《ちょうじつぼう》英俊《えいしゅん》。彼がしたためた日記は『多聞院日記《たもんいんにっき》』の名で知られ、戦国時代の奈良や畿内近国《きないきんごく》の

情勢をたどるには欠くことのできない史料として知られている。

　彼がいた多聞院は現在の興福寺には残されていないが、有名な猿沢《さるさわ》の池《いけ》近くにあったとされている[1]。猿沢の池近くからでは直接大仏殿をのぞむことはむずかしかったであろうが、それでも少し足をのばせば東大寺にたどりつける距離である。その意味でも、右の記事は大仏殿炎上をまぢかに目撃した人物の証言としてたいへん貴重なものといえよう。

大仏殿炎上の原因

　大仏殿が炎上した永禄一〇年という時代は、織田信長《おだのぶなが》が足利義昭《あしかがよしあき》を奉じて上洛《じょうらく》するちょうど前の年にあたる。そして、その二年前の永禄八年（一五六五）五月には、義昭の兄で室町幕府《むろまちばくふ》一三代将軍であった足利義輝《あしかがよしてる》が襲撃されて京都の将軍御所で討ち死にするという事件がおこっていた。

　天下はいよいよ信長による統一へと大きく転換しはじめようとしていたが、それを前にして京都や奈良の政情は混乱のきわみに達していた。

　将軍義輝を死に追いやったものたちとは、この襲撃事件をまのあたりにした公家《くげ》の山科《やましな》言継《ときつぐ》がその日記『言継卿記《ときつぐきょうき》』五月一九日条に記しているように、「三好人数松永右衛門佐《まつながえもんのすけ》ら」であった。

図1　奈良・東大寺大仏殿

いわゆる三好三人衆《みよしさんにんしゅう》とよばれる三好長逸《みよしながゆき》・三好政長《みよしまさなが》・岩成友通《いわなりともみち》や松永久秀《まつながひさひで》の子松永久通《まつながひさみち》といった、いずれも将軍からみればもともとは陪臣《ばいしん》（家来の家来）にあたるものたちである。実は大仏殿が炎上した原因というのも、この三好三人衆と松永氏とのあいだで争いがおこり、その戦闘が奈良を舞台にしておこなわれたためであった。

『多聞院日記』によれば、この年の四月一一日に奈良の多聞山城《たもんやまじょう》（多聞城）に入った松永久秀を追いかけ、一八日に「三人衆人数一万余り」が「奈良近辺に陣取《じんど》り」したことがわかる。

当初、戦闘は英俊のいる興福寺内でおこなわれていたようだが、四月二四日には「寺内には塔ならびに南大門《なんだいもん》に上がりて鉄砲放《はな》つ、両陣の巷《ちまた》、昼夜ただ雷電のごとし、片時《かたとき》も安堵《あんど》の思いなし」（『多聞院日記』）というように、興福寺は南大門や五重塔の上から鉄砲が昼夜を問わず放たれるというすさまじい戦場と化していた。

その戦場が東大寺方面へ移ったのは五月のことで、それは三好三人衆が五月二日に東大寺へ陣替えしたからであった。松永久秀のいる多聞山城が東大寺のすぐ西にあったことからすれば、当然の行動といえるが、『多聞院日記』によれば、三人衆は「念仏堂《ねんぶつどう》・二月《にがつ》堂《どう》・大仏の廻廊《かいろう》などに陣取り」したという。

そして、五月から三人衆による多聞山城への攻撃がはじめられる。そのようななか松永方は夜討《ようち》ちをかけた。『多聞院日記』によれば、その夜討ちは一〇月一〇日の「子《ね》の初点《はってん》」（午前〇時ころ）だったらしいが、「合戦数度におよび」、「兵火の余煙《よえん》」が「穀屋《こくや》より法華《ほっけ》堂《どう》へ火つき、それより大仏の廻廊へしだいに火ついて」「丑《うし》の剋《こく》」（午前二時ころ）、ついに大仏殿が焼け落ちてしまったのだった。

二度の兵火

こうして東大寺大仏殿は創建以来、二度目の火災にみまわれることになったが、ふりかえってみるとその火災というのはいずれも兵火によるものだった。

この点についても、英俊が興味深い記事を『多聞院日記』一〇月一〇日条に書き残している。

> 天平《てんぴょう》十六年甲申《きのえさる》、聖武天皇御願《しょうむてんのうごがん》、治承《じしょう》四年庚子《かのえね》十二月炎上、その間四百三十七年、その後、頼朝《よりとも》、建久《けんきゅう》六年に造立《ぞうりゅう》より今年までは三百七十三年にあたるか、治承の炎上には十五年のあいだに周備《しゅうび》とみえたり、今は百年経《へ》るといえども、なかなか修造《しゅうぞう》なすべからざるや、この剋《きざみ》に生き逢《あ》うこと、歎《なげ》きのなかの歎きなり、

よく知られているように、東大寺大仏殿が創建されたのは奈良時代のこと。その発願《ほつがん》は英俊が記しているように聖武天皇によるものだったが、聖武天皇が大仏造立《だいぶつぞうりゅう》の詔《みことのり》を出したのは、実際には右に記される天平一六年（七四四）の前年、一五年（七四三）一〇月のことであった。

それはともかくとして、その大仏殿が、右にみえるように平安時代末期の治承四年（一一八〇）一二月にいわゆる源平合戦《げんぺいかっせん》（治承・寿永《じゅえい》の内乱）の兵火にともなって炎上するまで四百数十年のあいだ存在していたことは事実だった。そして、それが鎌倉幕府《かまくらばくふ》を開いた源頼朝《みなもとのよりとも》らの助力によってわずか一五年の後、建久六年（一一九五）に再建され、落慶供《らっけいく》

養《よう》をむかえることができたのも事実だった。

それから三百数十年、ふたたび兵火にみまわれた大仏殿は今度は一〇〇年たっても再建されることはないだろう。ということは、自分が生きているあいだに大仏殿のすがたを拝むことはないだろう。このような時代にめぐりあうとはなんと悲しいことなのだろうか、という予測が右には記されている。

興福寺内で鉄砲の玉が飛びかうさまをまのあたりにした人間としては、当然の予測ともいえるが、不幸なことにこの予測はみごとに的中する。

というのも、東大寺大仏殿が再建されるのは、これからくだって江戸時代もなかば、宝《ほう》永《えい》六年（一七〇九）まで待たなければならないからである。(2) その間、百数十年余り、英俊の見立てどおり東大寺には大仏殿不在の時代がつづいた。

ところで、大仏殿が炎上した以上、その本尊である大仏にも大きな被害が出たであろうことは容易に想像される。実際、英俊も大仏殿炎上につづいて日記につぎのように書き記している。

尺迦《しゃか》像《ぞう》も湯《ゆ》にならせたまいおわんぬ、

ここにみえる尺迦（釈迦）像というのが大仏のことだが、この場合の「湯」とは熱して溶かした金属の意味だから、大仏殿炎上の高熱にともなって大仏も溶けてしまったという。実際には全体が溶けてしまったわけではなかったようだが、頭は落ち、両手は折れ、肩・胸・背の大半、右膝《ひざ》の一部が失われてしまったと考えられている。(3)

無惨なすがたがそこにはあったが、頭のほうは、それから五年後の元亀《げんき》三年（一五七二）にとりあえず木のうえに銅板を張ったかたちで修復された。(4)しかし本格的な修復にはほど遠く、現在のようなすがたにまで修復されるには、大仏殿と同様、百数十年の年月を待たねばならなかったのである。

本書の特徴

このように、奈良東大寺に大仏殿と大仏が事実上失われていた時代に、それにかわって大仏の名を体現する寺院が京都に登場した。それが本書で注目する東山大仏《ひがしやまだいぶつ》である。

建立したのは、豊臣秀吉《とよとみひでよし》（羽柴《はしば》秀吉）。残念ながら、現在は京都市東山区《ひがしやまく》に巨大な石垣で築かれた基壇《きだん》しか残されておらず、その意味ではこちらのほうが今では失われた大仏といえる。三十三間堂《さんじゅうさんげんどう》（蓮華王院《れんげおういん》）の北側、京都国立博物館《きょうとこくりつはくぶつかん》の一部を含んだ一帯、豊国神社《とよくにじんじゃ》や方広寺《ほうこうじ》が所在する場所がその故地《こち》である。

三十三間堂や京都国立博物館をおとずれたことはあっても、かつてこの地に大仏殿と大仏があったことを知る人は少ないだろうが、それではなぜ秀吉は東大寺の大仏殿と大仏を再建しないで、この地に新たに大仏や大仏殿を建立したのだろうか。

本書では、この点も含めて、東山大仏をめぐって秀吉とその政権、豊臣政権《とよとみせいけん》がくり広げたいくつかの興味深いできごとを通して豊臣政権やその宗教政策について考えてみることにしたい。

もちろんこれまでにも豊臣政権やその宗教政策について論じた著書や論考は存在する(5)。しかし、東山大仏に焦点をしぼって論じたものというのはおそらくないだろう。本書に特徴があるとすればこの一点につきようが、この東山大仏については、有名な割に思いのほかその実態があきらかにされていない。にもかかわらず、あやふやな情報にもとづいて書かれた著作や論考も少なくない。本書では、この点にも留意して、できるかぎり信頼できる文献史料(古文書《こもんじょ》・古記録《こきろく》など)にもとづいてその実態にせまってゆきたいと思う。

なお、その際、個々のくわしい検討作業については、すでに『中世京都の民衆と社会』(思文閣出版《しぶんかくしゅっぱん》、二〇〇〇年)、『中世京都の都市と宗教』(同、二〇〇六年)というふたつの論集でおこなっているので、専門的な内容についても知りたいと思われる読者はそちらもぜひご参照いただければと思う。

本書では、それらの作業を踏まえて、あらためて全体を通してみてゆきたいと思うが、おそらく全体を通してみることで個別の事象ではみえてこなかった新たな事実がうきぼりになってくるのではないかと思われる。
それではまえおきはこれぐらいにして、まずは東山大仏が出現するにいたった経緯からみてゆくことにしよう。

註

（1）幡鎌一弘「『多聞院日記』とその史料的価値」（『多聞院英俊の時代――中世とは何であったか――』「多聞院英俊の時代」実行委員会、二〇〇一年）。
（2）杣田善雄『幕藩権力と寺院・門跡』（思文閣出版、二〇〇三年）。
（3）前田泰次・西大由・松山鐵夫・戸津圭之介・平川晋吾『東大寺大仏の研究――歴史と鋳造技術――』解説篇（岩波書店、一九九七年）、西山厚「公慶上人の生涯」（『論集近世の奈良・東大寺　ザ・グレイトブッダ・シンポジウム論集』第四号、二〇〇六年）。
（4）註（3）参照。
（5）近年の代表的な研究成果としては、伊藤真昭『京都の寺社と豊臣政権』（法藏館、二〇〇三年）があげられる。

第一章　東山大仏の出現

1　新紫野から新大仏へ

上様御仏事

話は、織田信長が本能寺《ほんのうじ》でたおれた天正《てんしょう》一〇年（一五八二）六月二日から四ヶ月たった一〇月にはじまる。

よく知られているように、本能寺の変からわずか一〇日余り後の山崎《やまざき》の戦いで秀吉は明《あけ》智光秀《ちみつひで》をたおすが、天下の趨勢《すうせい》はなお予断をゆるす状況にはなかった。そのようななか、この年の一〇月一一日より七日間にわたって京都紫野《むらさきの》の大徳寺《だいとくじ》において「上様御仏事《うえさまおんぶつじ》」（『宗及他会記《そうぎゅうたかいき》』）とよばれる仏事がおこなわれた。「上様」というのは信長のこと、そしてこの仏事を主催したのは秀吉である。

この大徳寺でおこなわれた七日間におよぶ仏事のうち、もっとも有名なのが一〇月一五日におこなわれた「御送葬《おんそうそう》」（『宗及他会記』）＝信長の葬礼である。

しかしこれもよく知られているように、信長の遺体は、本能寺の変直後でも「ついに御死骸見えたまわず、惟任《これとう》（明智光秀）も不審に存じ、いろいろ相尋《あいたず》ねけれども、その甲斐《かい》なし」（『当代記《とうだいき》』）というように、光秀も見つけることができないでいた。

いっぽう、変の翌月七月の段階で、京都阿弥陀寺《あみだじ》において「今度打ち死に衆、前右府《さきのうふ》（織田信長）御墓已下《いか》を拝む」（『言経卿記《ときつねきょうき》』）というように、多くの人びとが信長や本能寺で戦死した侍たちの墓に参り、また九月にはその阿弥陀寺で「御百ヶ日御追善《おんひゃっかにちごついぜん》」（『言経卿記』）の法会《ほうえ》もおこなわれていた。

図2　織田信長
（東京大学史料編纂所所蔵模写）

つまり、信長の遺体は、阿弥陀寺の僧清玉《せいぎょく》が「御火葬をうけとり、暫時《ざんじ》に煙となしたてまつり、さて御骨とりあつめ、衣につつみ、本能寺の僧衆の立ちのく風情《ふぜい》して阿弥陀寺へ帰」（『阿弥陀寺由緒書《あみだじゆいしょがき》』）った可能性が高かった。あるいは、少なくとも当時の人びとはそう考えていた。

にもかかわらず、一〇月一五日に秀吉はわざわざ「棺《かん》には木像を入れ」（『言経卿記』）、それを大徳寺の西にある「蓮台野《れんだいの》」で「焼き申《もう》」（『晴豊公記《はれとよこうき》』）すことをおこなったが、それにはどのような意味があったのだろうか。

信長の影

この点については、これまで信長の葬礼をおこなうことによって秀吉が権力の継承を誇示しようとしたのだと考えられてきた。

しかし、この当時、室町幕府の将軍を含め後継者が葬礼をおこなうことによって権力の継承を誇示するといったようなことはみられない。つまり、当時の人びとが葬礼がおこなわれることによって権力の継承がなされたと認識する可能性は少なかったのである。

とすれば、秀吉の意図はどこにあったのであろうか。秀吉がみずからの書状で語るところによれば、「上様（信長）の御芳情《ごほうじょう》、須弥山《しゅみせん》よりも重く存じたてまつるにつきて、叶《かな》わざる御仏事いたしそうろう」（『浅野家文書《あさのけもんじょ》』）とあるように、信長の「御芳情」に報《むく》いるためであったという。

しかし、これをそのまま額面どおりにうけとってもよいのかといえば判断のわかれるところだろう。とはいっても、当事者が語る内容だけにむげにそれを否定することもむずかかしい。

そこで考えなければならないのが、信長の遺体が阿弥陀寺の墓所にあるとされていたにもかかわらず、それとは別にわざわざ信長の木像を焼く＝火葬にすることの意味であろう。なぜなら、そこからは葬礼や火葬という仏教儀礼を通して信長をあらためて死者の列に加えようとする秀吉の意図が読みとれるからである(1)。

それは同時に、秀吉が信長の影を慕いつつも、政治的にはそれから離れようとしていたことの証ともいえる。が、実際にはそう簡単に信長の影からのがれることはできなかった。

新紫野天正寺

というのも、秀吉は、今回の仏事を通して「総見院殿贈大相国一品泰巌大居士《そうけんいんでんぞうだいしょうこくいっぽんたいげんだいこじ》」という死者の名があたえられた信長の「御位牌所《ごいはいじょ》」＝総見院《そうけんいん》を建立するため、仏事の終了直後に銀子《ぎんす》や米を大徳寺へ寄進《きしん》したりしているし（『総見院文書《そうけんいんもんじょ》』）、また翌天正一一年（一五八三）の祥月命日《しょうつきめいにち》におこなわれた「信長仏事」にも「筑州《ちくしゅう》（秀吉）早々焼香のため大徳寺へ向」（『兼見卿記《かねみきょうき》』）かったことなどが知られているからである。

しかもこのとき秀吉は、「信長位牌所十二間四方《じゅうにけんしほう》に新造、様体一向《ようていいっこう》便利ならず、こぼちて内野《うちの》へ引く」（『多聞院日記《たもんいんにっき》』）とあるように、一二間（約二四メートル弱）四方では手狭とても考えたのだろう、位牌所を大徳寺から南方の内野へと移動させる計画もしている。ここからも秀吉が信長の菩提をとむらうことに相当こだわりをもっていたことがうかがえるが、この計画は翌天正一二年（一五八四）に実行に移された。

『多聞院日記』一〇月一六日条をみてみると、「信長の御位牌所、紫野にこれあり、作様《つくりよう》一向機《いつこうき》に合わざるとて、縄打《なわう》ちをして、また建て直さする」という記事がみられるからである。

ただ実際には、これより先、九月の段階で「惣見寺《そうけんじ》」という寺名をもつ寺院を建てようとしていたのを（『真珠庵文書《しんじゅあんもんじょ》』）、一〇月に「天正寺《てんしょうじ》」という寺名に変更したうえ、ふたたび大徳寺近くに建立しようとしていたことが、大徳寺の僧古渓宗陳《こけいそうちん》へあてたつぎのような秀吉の寄進状《きしんじょう》（案）（『総見院文書』）から読みとることができる。

新紫野《しんむらさきの》天正寺敷地境内東西百間、つけたり紫野間林たるべし、南北百弐拾間、ならびに船岡山《ふなおかやま》のこと、尽未来際《じんみらいさい》にいたり寄進せしめおわんぬ、仏法紹隆《ぶつぽうしょうりゅう》を専《もつぱ》らにし、天下太平を祈りたてまつるべきものなり、よって状《じょう》くだんのごとし、

天正拾弐《じゅうに》年十月四日　　秀吉花押《かおう》

古渓和尚《こけいおしょう》

ここからは、新たに建立される天正寺という寺院の「敷地境内」が東西一〇〇間（約二〇〇メートル弱）、南北一二〇間（約二四〇メートル弱）に船岡山も含みこむ広大なものであったことが知られる。が、それ以上に注目されるのは、その寺院が「新紫野」とよばれていた点であろう。

図3　京都・大徳寺総見院

なぜなら、これによって秀吉は、紫野大徳寺の隣にわざわざ肩をならべるようにして「新」しい「紫野」天正寺を建立しようとしていたことがあきらかとなるからである。

後にもふれるように、秀吉はこの後もすでに存在する寺社とは別個にそれに「新」という文字を冠したいくつかの寺社を建立してゆくことになるが、その端緒とは実にここにあったといえよう。

それでは、その新紫野天正寺の普請《ふしん》（工事）や作事《さくじ》（建築工事）はどのようにすすめられていったのだろうか。残念ながらこれについては不明な点が少なくない。ただそれでも、この年の一二月に、ときの正親町天皇《おおぎまちてんのう》の宸筆《しんぴつ》（直筆）による「天正寺」と書かれた勅額《ちょくがく》（大徳寺所蔵）がつくられたことが確認できる。

また、翌天正一三年（一五八五）には、この年三月におこなわれた紀伊国根来寺《きいのくにねごろじ》攻撃の際に焼け残った伝法院《でんぽういん》（大伝法院）の本堂を「都に引き上げ、太平山《たいへいざん》の仏殿《ぶつでん》に定むる」（『紀州御発向記《きしゅうごはっこうき》』）とあるように、「太平山」ともよばれた天正寺の仏殿として転用する計画もなされている。(2)

とりわけこの伝法院本堂の転用については、七月の段階で「伝法院たたむとき、大工・鍛冶《かじ》・瓦師《かわらし》、合わせて三千五百人作料《さくりょう》（手間賃）ならびに鉄道具雑用とも」（『総見院古文書』）と、それにかかる費用の試算もなされたことがわかる。

しかし、結局のところそれは実行に移されることはなかった。そればかりか、この七月を境に天正寺にかかわる動き自体もみられなくなってしまう。それはつまり、天正寺の普請や作事自体がストップしたことを意味するが、残念ながらその理由を示すような史料は残されていない。

ただ、この点に関連して注意しておく必要があると思われるのは、この七月が秀吉の政治的立場に画期的な変化のおとずれた時期であったということであろう。というのも、この七月一一日に秀吉は関白《かんぱく》に任官《にんかん》されていたからである（『公卿補任《くぎょうぶにん》』）。

かえりみれば、天正一〇年一〇月の仏事から位牌所である総見院の建立、そして新紫野天正寺の建立にいたるまでの一連の動きというのは、「上様《うえさま》の御芳情《ほうじょう》」という秀吉自身のことばとは裏腹にすべて政治的なものとみたほうが自然である。

実際、位牌所である総見院が惣見寺、新紫野天正寺へと拡充されてゆく背景には、同時期に尾張国《おわりのくに》で展開されていた小牧《こまき》・長久手《ながくて》の戦いにおける敵方織田信雄《おだのぶかつ》（信長の次男）に対する和平工作もあったとみられているほどだからである。(3)

したがって、天正一二年一一月に和平が成立し、翌天正一三年七月に秀吉が関白に任官するのと時機を同じくして天正寺にかかわる動きがみられなくなるというのは、むしろ秀吉にとっては当然のなりゆきだったといえよう。

新紫野から新大仏へ

そしてあけて天正一四年（一五八六）四月ころになると、秀吉はつぎのような新たな動きをみせはじめる。

東福寺《とうふくじ》に至り御出《おいで》、この近所に大仏御建立あるべし、その地を御覧のため御出とうんぬん、右は公家の吉田兼見《よしだかねみ》がその日記『兼見卿記《かねみきようき》』四月一日条に記した記事である。これによって、このころ秀吉が京都から大坂へ下向するにあたって東山の東福寺へ行き、その近所に大仏を建立することを計画していたことがわかる。

東福寺は三十三間堂の南に所在するので、これが現在のところ、東山大仏にかかわる史料の初見とされている。しかし、それにしてもなぜその場所が東福寺の近所だったのだろうか。

その理由については、天正寺の住持に予定されていた古渓宗陳《こけいそうちん》に関する伝記史料（『古渓行状《こけいぎようじよう》』）につぎのように記されている。

関白（秀吉）と師《し》（古渓宗陳）同じく船岡にのぼり、東山勝景《ひがしやましようけい》をながめていわく、彼に霊地《れいち》あり、南都《なんと》東大寺と規模する、舎那大仏《しやなだいぶつ》を創り、師をして二大寺《にだいじ》を開祖《かいそ》せしめんと、よって師と東山にいたり、地形を図《はか》り殿基《でんき》を築く、

天正寺の計画のさなか、秀吉と古渓宗陳は「船岡」山にのぼった。すると秀吉は、そこからながめた東山の「霊地」に東大寺と同じ規模の大仏を建立し、天正寺とあわせて古渓宗陳を「二大寺」の開祖にしようといった。そこで秀吉と古渓宗陳は東山に行き、「地形」

を測量し「殿基」（基壇《きだん》）を築いたというのが、右の史料の語る内容である。

内容としてはたいへん興味深いものといえるが、ただ古渓宗陳は実際には「二大寺」の開祖《かいそ》となっていないし、第一この史料自体の成立時期がさがるので、そのまま信用してもよいのかといえば判断の迷うところである。

また、天正寺の計画のさなかに新たな寺院の建立の話が出てくるというのも不自然な感じがしないでもない。しかしそれでも、ここからは天正寺と新たな寺院とのあいだに何らかの関連があったことだけはうかがうことができるだろう。

図4　古渓宗陳（大徳寺総見院蔵）

ただし、仮にそうだったとしても、その新たな寺院がなぜ大仏であり、またそれがなぜ東山に建立されることになったのであろうか。

この点については、当時、来日していたイエズス会宣教師《せんきょうし》のルイス・フロイスが一五八六年（天正一四年）一〇月一七日付けでインド管区長《かんくちょう》パードレ・アレッサンドロ・バリニヤノにおくった報告書（『一五八六年の報告書』）につぎのように記している。

奈良の市の大仏を、金で塗った千余体《せんよたい》の仏像のある大寺院（三十三間堂）の附近に造ることを命じた。

これも外国語史料なので、そのまま信用してもよいのか判断の迷うところだが、少なくともここからは秀吉が焼け落ちた東大寺大仏を再建するかわりに京都に新たな大仏を建立しようとしたことがうかがえるだろう。

残念ながら、秀吉が大仏を建立しようとした理由を示す史料というのは、今のところこれ以外には知られていない。しかし、右に記された内容というのは、外国語史料ということを割り引いてもおそらく事実と考えてまちがいないと思われる。

というのも、この大仏も後に東大寺大仏に対して「新大仏」（『多聞院日記』）とよばれるようになることが知られており、そこからは先にみた紫野大徳寺に対する「新」紫野の計画と同様、すでに存在する寺社とは別個にそれに「新」という文字を冠した寺社を建立するという独特のパターンが読みとれるからである。

新大仏の計画地

いずれにしても、このようにして秀吉は焼け落ちた東大寺大仏のかわりとして、あるいは新紫野天正寺のかわりとして新大仏の建立をめざすこととなったわけだが、それではなぜその計画地が東福寺の近所だったのだろうか。

これについてもその理由を示す史料は残されていない。が、ここで注目されるのが先にみた『兼見卿記』の記事である。なぜなら、そのとき秀吉は新大仏の計画地をみるためだけにわざわざ東福寺の近所に立ち寄ったかのようにみえるが、おそらくそうではなく、そのあとそのまま南下して伏見《ふしみ》にいたり、そこから水路をつかって大坂へと向かったと考えられるからである。

実は東福寺の近所というのは、単に東福寺の近所というだけの場所ではなく、中世においては法性寺口《ほっしょうじぐち》（南口《みなみぐち》、大和口《やまとぐち》とも）とよばれ、京都七口《ななくち》のひとつとして伏見や奈良へと通じる京都の玄関口として知られた交通の要衝であった(4)。

この点についてはは、不思議とこれまで注意されてこなかった。しかし、新大仏の計画地が交通の要衝であったことに注目してみると、中世においては東国や近江国《おうみのくに》からの玄関口として知られ、しかも法性寺口ともつながる汁谷口《しるたにぐち》にあった真宗寺院《しんしゅうじいん》の仏光寺《ぶっこうじ》が新大仏建立にあたって移転（『山州名跡志《さんしゅうめいせきし》』）させられた理由というのも納得がゆこう。

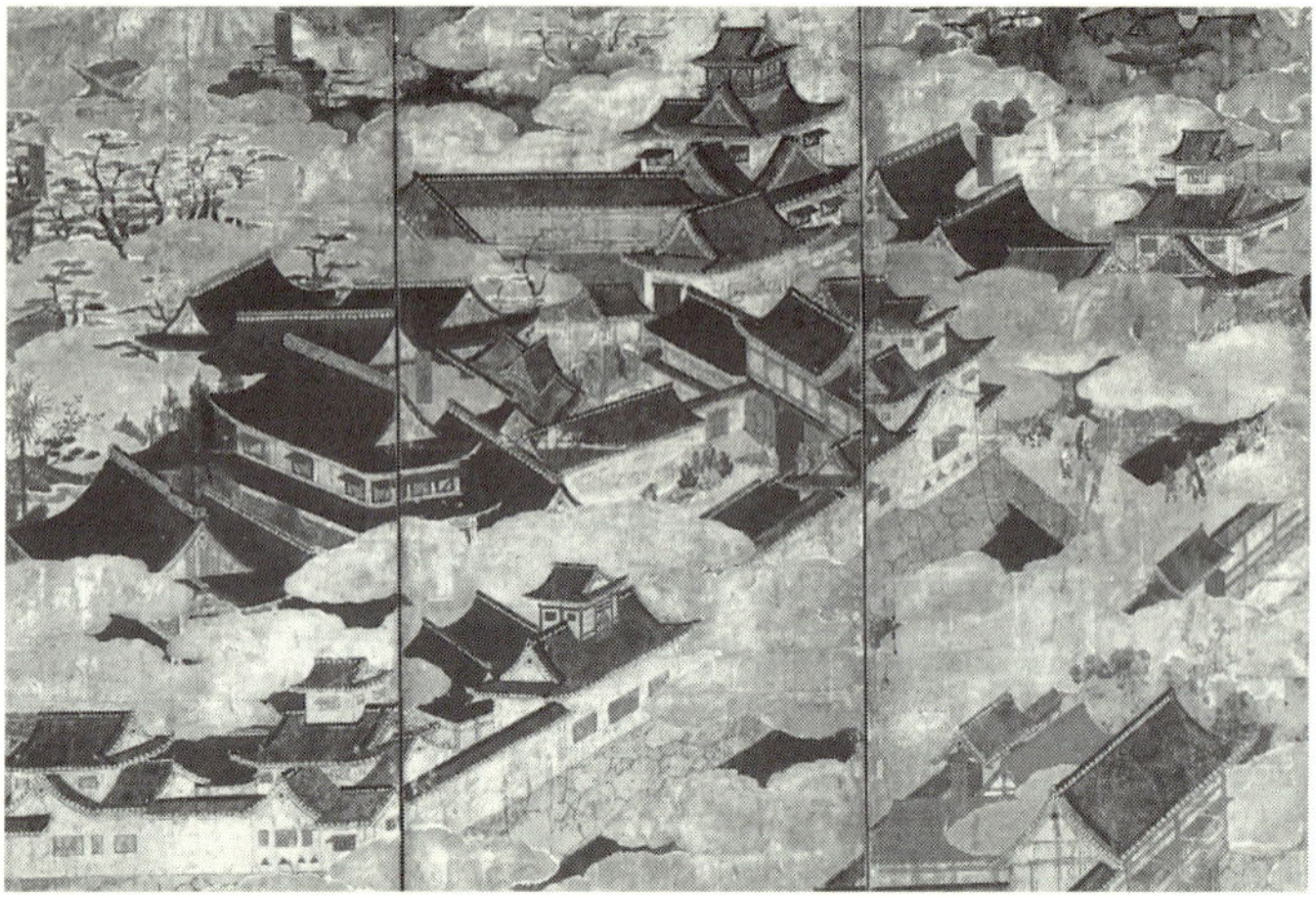

図５　聚楽第（『聚楽第図屏風』　三井記念美術館蔵）

　このように新大仏の計画地は、東山にあって奈良や大坂、あるいは東国や近江国へと通じる交通の要衝であったが、これとかかわって注目されるのは、この時期、大坂では大坂城《おおさかじょう》の築城が継続され、いっぽう京都では同じく天正一四年二月から聚楽第《じゅらくだい》の築城が開始されていたという事実であろう。

　新大仏の計画地が大坂と京都との中間だったとまではいわないが、この後汁谷口へとつながる五条橋《ごじょうばし》が新大仏の前に移動させられ、伏見にも伏見城《ふしみじょう》が築城されることを考えても、この地が聚楽第や大坂城、あるいは伏見城や近江大津城《おおつじょう》（『一五八六年の報告書』）など豊臣政権の拠点となる城郭や城下町を結ぶ重要なポイントとして意識されていた可能性は高い。もっとも、聚楽第はこの後秀吉自身によって破却されてしまうが、それでも伏見城や大坂城、あるいは大津城との関係は変わらなかったと考えられよう。

いずれにしても、秀吉は天正一四年の段階で大坂城と聚楽第というふたつの城郭の築城とともに、新大仏の建立という大規模な工事を並行してはじめることを決意したわけだが、実際には新大仏のほうはすぐには着工されなかった。

このあたりの事情については、本願寺《ほんがんじ》の坊官《ぼうかん》宇野主人《うのもんど》がその日記『宇野主人日記《うのもんどにっき》』天正一四年条に記したつぎの記事が参考となろう。

京都内野《うちの》あたりに関白殿（秀吉）の御殿建てらるべきにつきて、二月下旬より諸大名在京して大普請はじまるなり、大坂には中国の大名のぼりて普請あり、人足《にんそく》七、八万、または十万人ばかりあるべしとうんぬん、

これは聚楽第の築城にかかわる情報であるが、ここからもわかるように二月下旬からはじめられた普請は「諸大名」がおこなうものであった。そして、それと並行して大坂でおこなわれていた大坂城の普請もまた「中国の大名」が七万から一〇万人におよぶ人足を動員してのものだった。

したがって、新大仏の普請もまた諸大名による普請になるであろうことは容易に推測できる。ただ、さすがに三ヶ所におよぶ大規模な工事を並行しておこなうというのは現実的ではなかったのだろう。

結局、新大仏の普請は、これから二年後の天正一六年（一五八八）に本格的にはじめられることになった。

2　寺の名は大仏

基壇を築く

天正一六年に本格化した大仏殿普請は、まず最初にその基壇《きだん》である「礎《いしずえ》」（『言経卿記』）を五月に築くことからはじめられた。少し長いものではあるが、そのことに関する史料（『上下京町々古書明細記《かみしもぎょうちょうちょうこしょめいさいき》』）からみてゆくことにしよう。

大仏殿建てらるべき御祝儀《ごしゅうぎ》として、来る十五日今度かの地形《じかた》へ石垣築《きず》きそうろう普請の衆へ御酒下《くだ》さるべきよしにそうろう、それにつき酒肴車《さけさかなくるま》に積み、京より大仏の地形所まで遣《つか》わせらるべきにてそうろう、しからば、京中《きょうちゅう》にて笛太鼓《ふえたいこ》打ちのもの、善悪によらずことごとく罷《まか》り出で、はやしものにて京より大仏まで相届《あいとど》くべきむね仰《おお》せ出《い》だされそうろう、笛太鼓のもののほか、京中その町々《ちょうちょう》にて年寄りがましきもの、そのほか子供それぞれに出で立ち、上京《かみぎょう》より人数二千、下京《しもぎょう》より二千罷り出ずべきむね、上意《じょうい》にそうろうあいだ、きっとその意をなし、太鼓のもの、今明日《こんみょうにち》に至り相改《あいあらた》め書き立て上《あ》ぐべくそうろうなり、

五月八日（天正一六年）　　玄以《げんい》花押《かおう》

下京中《しもぎょうちゅう》

これは、豊臣政権の所司代《しょしだい》として知られる玄以（前田玄以）が京都の下京へ出した文書《もんじょ》の写しである。当時の京都の中心市街地は現在とは大きく異なり、北のほうに上京、南のほうに下京というふたつの集落によってなりたっていた。

したがって、右の文書はそのうちの下京に対して出されたものだが、その内容はおおよそつぎのようなものとなる。

来る一五日より大仏殿の基壇を石垣で築くことになったので、その普請をおこなうものたちに秀吉より祝儀として酒がくだされる。その酒と肴を車に載せて京都から現場へと運ぶ予定であるので、京都のなかで笛を吹き、太鼓を打てるものは、上手下手《じょうずへた》を問わずすべ

図6　大仏殿石垣（明治期）

てその車を囃《はや》したてよ。

また、そのほかにも、年寄りであろうと子供であろうとはなやかな出で立ちをして、上京から二〇〇〇人、下京からも二〇〇〇人、総勢四〇〇〇人が現場へ出頭せよ、という「上意」（秀吉からの命令）である。とりあえずは太鼓を打てるものを調べあげて今日明日のうちに届けよ、と。

ここからは大仏殿の基壇が石垣で築かれることになったことや、またその普請をおこなう人びとに酒と肴をふるまうとして京都から上京・下京あわせて四〇〇〇人におよぶ町人たちが動員されていたことが読みとれる。

地鎮としての風流踊

おそらくはこのときに築かれた石垣というのが今に残る石垣と考えられるが、右の史料から読みとれる内容については、たとえば、宣教師《せんきょうし》ルイス・フロイスが記した『日本史』にも「礎石《そせき》を築くにあたって、都じゅうの（人々を）召集し、種々《しゅじゅ》の踊りや遊戯《ゆうぎ》、祭り、その他の催物《もよおしもの》を行ない、全員が盛装《せいそう》して参加するようにと呼びかけた」とみることができる。

もっとも、ここまでの史料では、数として多数であったであろう笛や太鼓のできないものたちが何のために集められたのかがわからない。が、それについては、つぎの『多聞院《たもんいん》日記《にっき》』天正一六年五月一二日条によってあきらかとなる。

京には大仏建立とて、石壇《いしだん》を積み、土をあげて、その上にて洛中上下《らくちゅうかみしも》の衆《しゅう》に餅酒《もちさけ》下行《げぎょう》して踊らせらるる、ことごとしき普請なり、

すなわち集められた四〇〇〇〇人にもおよぶ「洛中上下の衆」は、石垣によって築かれた基壇の上で「踊らせら」れていたのだった。

一見するとなにやら楽しそうにみえなくもないが、ことはそう単純なものではなかった。

というのも、これより三年前の天正一三年（一五八五）二月に秀吉が上京・下京の町人たちを動員して正親町上皇《おおぎまちじょうこう》（院《いん》）の御所の築地築《ついじつき》（築地塀《ついじべい》を築《つ》き固めてゆく作業）をさせた際にも、つぎのような光景がみられたからである。

京都院御所《いんごしょ》の御築地、二月十六日より築かせらるる、町人種々の風流《ふりゅう》をするなり、

これは『宇野主人日記《うのもんどにっき》』二月条に記された記事であり、ここにみえる「風流」とは風流《ふりゅう》踊《おどり》とよばれた踊のことをさす。したがって、『多聞院日記』にみえる「踊」もまた風流踊であったことがわかるが、ここで注目されるのは、町人たちはただ単に踊っていたのではなく、「築地」を「築かせら」れながら踊っていたという事実であろう。

風流踊というのは一般に盆踊《ぼんおどり》の原形とみられているが、戦国時代ではそのようすはかなり異なっており、はなやかな出で立ちや音曲《おんぎょく》をともないつつ、人びとが群集して、輪になって飛び跳ねるたいへんはげしいものだった。(5)

実際、史料でも「踊」という文字のほかに「躍」や「跳」「踏」という文字もつかわれており、このことからも築地塀を築き固めたり、地面を築き固めるにはうってつけのものだったことがわかる。

図7　風流踊（『上杉本洛中洛外図屏風』　米沢市上杉博物館蔵）

実はこの点に注目したのが秀吉で、天正一三年にひきつづき、天正一六年にも上京・下京の町人たちを動員し、風流踊をさせて大仏殿の基壇を築き固めさせたというのが実態だった。

もちろんこれには大量の人力でもって一気に地面を築き固めるという現実的な意味合いもあったが、それとともに、芸能をともなって大地を踏むことが大地の霊を鎮める地鎮《じちん》にもつながるという民俗的《みんぞくてき》な意味合いもあったことに注意しておかねばならないだろう。

いずれにしても、大仏殿の普請は、こうして京都の町人の動員ということからはじめられたわけだが、ただし、このように秀吉やその政権、豊臣政権が大仏殿普請にかかわって民衆を直接動員したという形跡はほかにはみられない。

もっとも、よく知られているように、これから二ヶ月後の七月に出された刀狩令《かたながりれい》に「右《みぎ》取りおかるべき刀・脇指《わきざし》、ついえにさせらるべき儀にあらずそうろうのあいだ、今度大仏御建立の釘・鎹《かすがい》に仰《おお》せつけらるべし、しからば、今生《こんじょう》の儀は申すにおよばず、来世《らいせ》までも百姓たすかる儀にそうろうこと」（『小早川家文書《こばやかわけもんじょ》』）という有名な一文がみられることからすれば、大仏の建立は直接間接ともに民衆も巻きこむかたちではじめられたといえるだろう。

大仏殿御普請手伝

ところで、先に新大仏の普請も諸大名によるものになるであろうと推測したが、実際にもそうなったことが史料から確認することができる。(6) ただし、このことに関する史料は、今のところつぎの表1にまとめたようなものしか知られていない。

表1は天正一六年（一五八八）七月五日の日付をもつ秀吉の朱印状《しゅいんじょう》（『鍋島文書《なべしまもんじょ》』）の内容を一覧表にしたものである。これによって豊臣政権は、天正一六年一〇月から天正一七年（一五八九）一〇月までの一三ヶ月を一月《ひとつき》ごとに一三番に分け、各月の担当大名とその大名が負担しなければならない人足数を詳細に設定していたことがわかる。

表1　大仏殿御普請手伝人足一覧

番	年	月　日	担当大名	人足数	人数小計	備考
1番	天正16年	10月朔日	羽柴北庄侍従	6000	9400	
2番		11月朔日	村上周防守	2000		
			溝口伯耆守	1400		
3番		12月朔日	丹後侍従	2500	5270	
			前野但馬守	1670		
			斎村左兵衛尉	770		
			別所主水正	330		
4番	天正17年	正月1日	羽柴岐阜侍従	3000	4500	
			羽柴曾禰侍従	1500		
5番		2月1日	津侍従	4000	4400	
			岡本下野守	400		
6番		3月1日	羽柴東郷侍従	3800	4480	
			青山伊賀守	680		
7番		4月1日	木村常陸介	2600	4790	史料では4800人と記載されている。
			太田小源五	220		
			山田喜左衛門尉	270		
			羽柴松任侍従	500		
			羽柴敦賀侍従	1200		
8番		5月1日	羽柴松嶋侍従	5000	5000	
9番		6月1日	宮部中務卿法印	3000	4270	
			木下備中守			
			亀井武蔵守			
			垣屋播磨守			
			南条伯耆守	500		
			明石十左近	770		
10番		7月1日	羽柴加賀少将	10000	10000	
11番		8月1日	羽柴越中侍従			
12番		9月1日	羽柴備前宰相	10000	10000	
13番		10月1日				
人足合計					62110	

これを豊臣政権では「大仏殿御普請手伝《だいぶつでんごふしんてつだい》」とよんでおり、ここからも新大仏の普請が大坂城や聚楽第の普請と同様、諸大名による手伝普請によっておこなわれていたことがあきらかとなる。

表1をみてみると、諸大名が負担する人足数には差があったことがわかるが、おそらくそれと各大名の知行《ちぎょう》や石高《こくだか》とのあいだには関係があったと考えられる。

たとえば、二ケ月まとめて一万人の負担を課せられている「羽柴加賀少将《はしばかがしょうしょう》」＝前田利家《まえだとしいえ》とその子「羽柴越中侍従《はしばえつちゅうじじゅう》」＝前田利長《まえだとしなが》の石高は、『伏見普請役之帳《ふしみふしんやくのちょう》』（『当代記《とうだいき》』）によれば、おのおの二三万五〇〇〇石と三二万石であり、同じように一万人を課せられている「羽柴《はしば》備前宰相《びぜんさいしょう》」＝宇喜多秀家《うきたひでいえ》の石高もまた前田父子の石高を合わせたものに近い四七万四〇〇〇石となっているからである。

しかしここからは逆に、おおよそ各月四〇〇〇人から五〇〇〇人をめどとして大名の割りふりを豊臣政権がおこなっていたこともうかがえる。が、先にものべたようにこのような史料はほかに知られていないのではっきりしたところはわからない。

ただ、表1に名がみられる大名だけに「大仏殿御普請手伝」が課せられたとは考えられないので、おそらく表1と同じようなかたちで他の諸大名にも人足の負担が命じられたのであろう。

したがって実際に動員された各月の人足数というのは、表1のような朱印状の数に四〇〇〇人から五〇〇〇人をかけ算したものとなり、『宇野主人日記』がつたえる大坂城の普請のように数万におよぶ人数が動員された可能性も否定できないだろう。

大仏殿材木

いずれにしても、以上のことから「大仏殿御普請手伝」というものが諸大名に課せられていたことがわかるわけだが、もちろん諸大名の負担はそれだけではすまなかった。大仏や大仏殿を建立するには大量の材木が必要とされ、その負担もまた諸大名に課せられたからである。

ただし、この点についてもその全貌を示すような史料は残されていない。が、それでも相当の量を諸大名が負担していたことは断片的な史料からもうかがうことができる。

たとえば、具体的なところでいうと、天正一九年（一五九一）正月一五日に「羽柴安芸《はしばあき》宰相《さいしょう》」＝毛利輝元《もうりてるもと》にあてて秀吉の朱印状（『毛利家文書《もうりけもんじょ》』）が出されているが、その内容とはつぎのようなものだった。

　中国にこれある大仏殿材木のこと

一、九拾六《きゆうじゆうろく》本　松貫《ぬき》五間弐尺木　周防国所々《すおうのくにしょしょ》
一、六拾《ろくじゆう》本　同梁《うつばり》五間四間　同国
一、八本　檜木桷《すみ》木拾間　備後国《びんごのくに》
一、拾弐《じゆうに》本　同桷《すみ》木六間半　同国
一、拾壱《じゆういち》本　杉柱六間木　備中国所々《びつちゆうのくにしよしよ》
一、四本　檜木柱九間木　同国
一、五拾《ごじゆう》本　松桁《けた》八間木　同国
一、七百八拾一《ななひやくはちじゆういち》本　杉松貫四間五間木　同国
一、三百本　楠木こますかた　同国
合わせて千三百弐十二《せんさんびやくにじゆうに》本
右《みぎ》材木、尼崎《あまがさき》にいたり早速相着《あいつ》かるべくそうろう、もし油断においては、曲《くせ》あるべからずそうろう、
天正十九年正月十五日　（朱印《しゆいん》）
羽柴安芸宰相どのへ

ここからは、豊臣政権が毛利氏に対してその領国《りようごく》のうち、周防国・備後国・備中国から

一三二二本におよぶ松・檜《ひのき》・杉・楠《くすのき》といった材木を木の種類から長さ、数量にいたるまで事細かにわたって指示をあたえたうえで提供を命じていたことが読みとれる。

豊臣政権が毛利氏にこれだけの量の材木を負担させたのは、右の史料の冒頭に「中国にこれある大仏殿材木のこと」と記されていることからもわかるように、毛利氏の領国が中国山地という豊かな山林をかかえていたことによるものである。したがって、毛利氏以外でも領国内に山林をかかえる諸大名には同じような命令がくだされたと想像される。

図８　毛利輝元
（東京大学史料編纂所所蔵模写）

実際、毛利輝元の叔父小早川隆景《こばやかわたかかげ》に対しても、天正一六年の段階で「大仏殿材木注文《だいぶつでんざいもくちゅうもん》」がつかわされ、その後もたびたび材木にかかわる指示が出されている（『小早川家《こばやかわけ》文書《もんじょ》』）。また、九州の島津《しまづ》氏《し》にも、天正一七年（一五八九）には「大仏殿柱壱本《だいぶつでんはしらいっぽん》」と「百姓等《ひやくしょうら》」からとり集めた「刀《かたな》・脇指《わきざし》」「三万腰《さんまんごし》」の提供が命じられ、文禄《ぶんろく》四年（一五九五）にも「屋久嶋《やくしま》」の「大仏の材木」についての確認もなされたことが知られているからである（『島津《しまづ》家《け》文書《もんじょ》』）。

さらには徳川家康《とくがわいえやす》に対しても、天正一七年八月に「京都東山大仏の柱を富士山より出《い》だすべきよし、秀吉公より仰《おお》せにより家康公の衆これを引く」（『当代記《とうだいき》』）とあるように、領国内にあった富士山から柱となる材木の提供が命ぜられていたことが知られている。(7)

この富士山からの材木提供については、現地で木引《きび》きを担当した家康の家臣松平家忠《まつだいらいえただ》の日記『家忠日記《いえただにっき》』が残されており、それによってこの年の七月から一一月にいたるまで家忠がその仕事に忙殺されていたようすがうかがえる。(8) おそらく家忠のように、諸大名のもとで大仏殿材木の調達に振りまわされた人びともまた少なくなかったであろう。

ちなみにこの後、慶長《けいちょう》七年（一六〇二）に大仏殿が火災で炎上したとき、それをまのあたりにした醍醐《だいご》寺三宝院門跡《じさんぼういんもんぜき》の義演《ぎえん》がその日記『義演准后日記《ぎえんじゅごうにっき》』に「日本六十余州《ろくじゅうよしゅう》（日本全国）の山木《さんぼく》」が「ただ三時《とき》のあいだ」（約六時間ほど）で消滅してしまったと書き残しているが、以上のようなことから考えてもあながちそれも誇張《こちょう》とはいえなかったのかもしれない。

大仏殿御算用事

このようにして豊臣政権の命令のもと、京都の町人たちによって基壇が築き固められ、また諸大名からは膨大な人足や木材が集められたわけだが、ただそれだけでは大仏殿や大仏を建立することはできなかった。当然のことながら、大仏殿の作事《さくじ》（建築工事）や大仏の造立《ぞうりゅう》に従事する専門的な技術者が必要とされたからである。

実はこの点についても、断片的ながら関連史料が残されている。表紙に「大仏殿御算用《だいぶつでんごさんようの》事《こと》」と記された二冊の帳簿（『天理《てんり》図《と》書館善本叢書《しょかんぜんぽんそうしょ》　古文書集《こもんじょしゅう》』）がそれである。

そこには、天正一九年（一五九一）・天正二〇年（文禄元年、一五九二）・文禄二年（一五九三）の三年にわたる諸経費の一端が記されているが、それをみることでどのような人びとが大仏殿の作事にたずさわっていたのかをうかがうことができる。

そこでさっそくその帳簿を開いてみると、まず最初に目に飛びこんでくるのが、「大仏《だいぶつ》殿御《でんご》造営目録《ぞうえいもくろく》　請《う》け取《と》り申す御米のこと」と記された部分である。その内容を一覧表にしてみたのが表2だが、これによって天正一九年・二〇年の二年にわたって、豊臣政権が大仏殿の作事にかかわって直轄領《ちょっかつりょう》である蔵入地《くらいりち》からどれほどの米をどの月日に京都へ送らせ、そしてうけとっていたかを知ることができる。

ここに記された人名は、各蔵入地を管理していた代官《だいかん》と考えられるが、その代官たちから送られてきた米の総額は、天正一九年で二万一三三二石《こく》八斗《と》三升《しょう》四合《ごう》、天正二〇年には三万三七二五石にのぼる。この二年だけを合わせてみてもおよそ五万五千石余りという膨大な米が集められたことがわかるが、それではその膨大な米はいったい何につかわれて

表2　大仏殿御造営目録　請取申御米之事

年	月　日	請取石高	代官名
天正19年	2月	786石	小出播磨守
		300石	御牧勘兵衛
	卯月1日	500石	石川久五郎
		500石	長束大蔵大輔
		500石	増田右衛門尉
	6月	1300石	増田右衛門尉
	7月3日	500石	長束大蔵大輔
		500石	朽木河内守
	7月19日	500石	矢野下野守
		500石	早川主馬頭
		500石	大野佐渡守
		500石	片桐主膳
	8月4日	295石8斗3升5合	一柳太郎右衛門
	8月27日	5000石	寺沢越中守
		1000石	蒔田相模守
		5000石	師法印
		1000石	伊藤加賀守
	12月12日	2150石	一晏法印・小堀新介
石高合計		21331石8斗3升4合	

年	月　日	請取石高	代官名
天正20年	正月	3000石	増田右衛門尉
	2月	3000石	矢野下野守
	3月	3000石	山田金介
	卯月	3000石	伊藤加賀守
	5月	3000石	小出播磨守
	6月	3000石	帥法印
	7月	3000石	小出播磨守
	8月	3000石	矢野下野守
	9月	3000石	松浦讃岐守
	10月	3000石	寺沢越中守
	正《(ママ)》月	1575石	観音寺
	10月	2150石	一晏法印・小堀新介
石高合計		33725石	

いたのだろうか。

番匠と職人

それについては「払《はら》い方《かた》」と記された部分をみるとわかるが、簡単にいえばそのほとんどは人件費であった。たとえば、そのうちの「天正十九年二月より十二月までの分」をみてみると、その筆頭に「番匠《ばんしょう》」、つまり大工たちの人数と人件費が記されていることがわかる。その数のべ一三万九三〇七人分、そして人件費にいたっては九一九一石二斗二升二合にものぼるものであった。

ここで興味がひかれるのは、その番匠たちが「棟梁《とうりょう》」「肝煎《きもいり》」「平《ひら》の大工の上《じょう》」「平の大工の下《げ》」に分けられ、その支払い内容にも差がつけられていた点である。具体的には、棟梁には飯米《はんまい》（食費）と作料《さくりょう》（手間賃）あわせて「日別《にちべつ》」（日当）で米一斗、それに対して肝煎は八升、平の大工の上は六升、平の大工の下は四升と二升ずつの差がつけられていた。飯米は一升五合ときめられていたようなので、この差は作料の違いとなるが、その違いとは、おそらく番匠個人の技能や組織内での地位によるものだったのだろう。

このように、『大仏殿御算用事』によれば、わずか一一ヶ月のあいだだけでものべ人数で一三万九三〇七人分の番匠の「日別」として米九一九一石二斗二升二合が支払われたことがわかるが、ただそのいっぽうで日常的に何人の番匠が働いていたのかについてはさだかではない。しかし、単純に割り算をしたとしても一月《ひとつき》に少なくとも一万人以上の番匠が働いていたこととなる。このことだけでも大仏殿の作事がいかに大規模なものだったのかがしのばれよう。

この番匠についで「払い方」に記されているのが、「諸職人」ののべ人数と人件費である。ここでいう職人とは具体的には、「杣《そま》」（木こり）三万六七一〇人、「鍛冶《かじ》」三万五五三九人、「柱口石切《はしらぐちいしきり》」三三八一人、「材木屋ども屋根葺《やねふ》き」六一二人のことで、彼らにも飯米一升五合と作料が職人ごとに支払われた。

その総額は一万三四三七石二斗一升二合五夕《せき》。のべ人数でいうと番匠より少ないにもかかわらずその支払額が多いのは、柱口石切の「日別」が番匠の棟梁と同じ一斗であるように作料が高いことによるものだった。

このように、大仏殿作事には多数の番匠や職人が従事していたことがわかるわけだが、仮にこれらを単純に合わせても天正一九年二月から一二月までのわずか一一ヶ月間でのべ二一万五五四九人にのぼることになる。つまり、年間およそ二〇万人をこえる番匠や職人たちが大仏殿作事にかかわっていたことがあきらかになるのである。

木食応其

それでは、このような膨大な数の番匠や職人たちを指揮監督する集団というのはどのようなものだったのだろうか。

実は『大仏殿御算用事』には、この集団に対しても飯米や「給分《きゆうぶん》」が支払われていたことが読みとれる。それが「木食召《もくじき》しつかうものども」と記された人びとで、具体的には、「奉行《ぶぎよう》」五〇人、「手伝《てつだい》」三〇〇人、「小者《こもの》」三五〇人、都合七〇〇人によって組織された集団であった。そして、その頂点にいたのが「木食」こと木食応其《もくじきおうご》（興山上人《こうざんしようにん》）という高《こう》野山《やさん》の僧である。

つまりこの巨大技術者集団のトップには高野山の僧がいたわけだが、ただし木食応其は僧とはいっても、学侶《がくりよ》や行人《ぎようにん》といった正規の僧には入らない存在だったとされている。しかし『大仏殿御算用事』をみるかぎり、蔵入地からの膨大な米をうけとり、そしてそれらを多数の番匠や職人たちに支払ったうえで諸々の経費を計算し、「応其（花押《かおう》）」という署名と花押（直筆のサイン）をして「民部卿法印《みんぶきようほういん》」（前田玄以《げんい》）や「増田右衛門尉《ましたえもんのじよう》」（増田長《なが》盛《もり》）といった豊臣政権の奉行衆に報告していることからしても、彼が大仏殿作事の総指揮、総監督にあたっていたことはあきらかといえよう。

このような地位にある人物を当時何とよんでいたのかといえば、どうも「大仏本願《ほんがん》」

（『言経卿記《ときつねきょうき》』）とよんでいたらしい。戦国時代の寺院や神社にかかわって登場してくる本願というのは、寺社の建造物などを再建したり修造したりする僧侶やその組織を意味することが多いが、その多くは勧進聖《かんじんひじり》だったといわれている。

勧進とは簡単にいえば募金活動のことで、戦国時代、京都でも応仁《おうにん》・文明の乱で焼失した数多くの寺社がこの勧進によって再建された。木食応其がこのような勧進をおこなう勧進聖だったかどうかはさだかではないが、あるいは「木食召しつかうものども」のなかには勧進聖も含まれていたのかもしれない。

また木食応其自身、「番匠も、まず一段上手《いちだんじょうず》を百五十人、杣《そま》を五十人連れそうらいて参りそうろう」（『大仏殿御造営覚《だいぶつでんおんぞうえいのおぼえ》』）とのべているので、直接的にも「上手」＝技能のすぐれた番匠や杣をその配下においていたらしい。

いずれにしても、この当時大仏殿作事という巨大工事をになうことができたのは、木食応其をおいてほかにいなかったわけだが、それでは木食応其と秀吉との関係とはどのようなものだったのだろうか。

この点、木食応其と秀吉との関係でよく知られているのは、「根来《ねごろ》・粉河《こかわ》・雑賀《さいが》、先年御追伐《ごついばつ》なされそうろう、その節《せつ》、高野山も破却《はきゃく》あるべきところ、早速、興山上人祗候《しこう》つかまつり、御わびごと申しあげ、（中略）相違《そうい》なく立て置かれ、寺領《じりょう》三千石下されそうろう」

（『高野山文書《こうやさんもんじょ》』）と、先にもふれた天正一三年に秀吉によって根来寺が攻撃された際、高野山もまた攻撃されようとしていたところ、木食応其が秀吉とかけあって攻撃をやめさせたうえ寺領三〇〇〇石もあたえられたという事実であろう。

そのこともあって、秀吉は、「木食一人に対し、高野を立ておかせられそうろうあいだ、高野の木食と存ずべからず、木食が高野と存ずべし」（『高野山文書』）といったとされる。おそらくはこのような信頼関係が木食応其をして大仏本願の地位につけさせた大きな要因となったのだろう。

以来、木食応其は、大仏殿のほかにも「誓願寺《せいがんじ》、東寺《とうじ》の塔、金堂《こんどう》、講堂、醍醐寺《だいごじ》の金堂、嵯峨《さが》の釈迦堂《しやかどう》、宇治《うじ》の平等院《びようどういん》、清水寺《きよみずでら》の子安塔《こやすのとう》、安祥寺《あんしようじ》の青龍権現《せいりゆうごんげん》の社《やしろ》、東山豊国明神《ひがしやまとよくにみようじん》の社など、国々堂塔仏閣《くにぐにどうとうぶつかく》、所々の拝殿《はいでん》神社など、都合八十一宇《う》」（『通念集《つうねんしゆう》』）におよぶ寺社の作事にたずさわることになった。

大仏殿作事の進捗状況

このようにして大仏殿作事はすすめられることになったが、ただ具体的な進捗《しんちよく》状況となるとこれまでの研究でも思いのほかわかっていない。

管見のかぎりでいえば、天正一九年（一五九一）五月二〇日に「大仏殿柱立《はしらだて》」（『時慶《ときよし》記《き》』）があり、「まず五、六本立」（『言経卿記《ときつねきょうき》』）ったことが確認できる。また、翌天正二〇年（一五九二）四月には関白《かんぱく》を譲られた豊臣秀次《とよとみひでつぐ》（羽柴秀次《はしばひでつぐ》）が（『言経卿記』）、そして九月には太閤《たいこう》となった秀吉が大仏を見に来たことが知られる（『鹿苑日録《ろくおんにちろく》』）。

年紀《ねんき》がわからないものの、秀次が三月朔日《ついたち》付けで木食応其に対して「大仏造りおわるのあいだ、自余《じよ》（そのほか）の寺社修造《しゅうぞう》のこと、停止《ちょうじ》すべし」と命じた朱印状《しゅいんじょう》（『高野山文書』）が残されているが、あるいはこのころのものだったのかもしれない。

秀吉が大仏を見に来てから二ヶ月後の天正二〇年一一月二四日には、「大仏立柱《りっちゅう》相済《あいす》む」（『言経卿記』）とつたえられているので、ようやく柱が立ちならんだことが知られる。しかし棟上《むねあ》げには、それから約一年の月日を要した。文禄二年（一五九三）九月二四日に「京の大仏棟上げこれあり」（『多聞院日記《たもんいんにっき》』）という記事がみられるからである。

そしてその年の一二月には、「大仏殿も瓦下地出来《かわらしたじしゅったい》、所々瓦上《あ》げそうろう」（『時慶記』）とみえ、翌文禄三年（一五九四）には豊臣政権より「大仏瓦薪《かわらたきぎ》」（『高野山文書』）の指示が木食応其にあたえられている。また同じ九月には、木食応其より秀吉に「大仏瓦葺《かわらぶ》き初め、祝儀《しゅうぎ》として、三種五荷《さんしゅごか》到来」（『高野山文書』）しているので、このころには瓦も葺《ふ》きはじめられたのであろう。

しかしこの間には文禄の役《えき》、つまり第一次の朝鮮侵略がはじまっており、それにかかわって秀吉が「高麗船《こうらいぶね》」の「材木・人数など指《さ》し合いそうろうあいだ、大仏の儀《ぎ》まずまず打ち置き」（『高野山文書』）と、軍船建造のため材木と人手が必要となり、大仏殿作事の一時中止を命じたこともある。したがって、ここにいたるまでの作事もまた順調とはいえなかったのかもしれない。

実際、天正二〇年九月には、「日本国《にほんこく》の木奉行《きぶぎょう》」「寺沢越中守《てらさわえっちゅうかみ》」（寺沢広政《てらさわひろまさ》）が材木にかかわって秀吉に勘当《かんどう》されたといううわさや、また木食応其も材木にかかわって勘当され「ゆくえ知れず」となったといううわさまでがながれている（『多聞院日記』）。

朝鮮侵略がはじまったことによって日本中で材木不足が深刻な問題となっていたことが知られよう。

大仏の造立

このように、大仏殿作事の進捗状況がおぼろげながらもうかがえるいっぽうで、よくわからないのが本尊の大仏造立のほうである。

というのも、『多聞院日記』天正一六年（一五八八）六月一〇日条に「大納言殿《だいなごんどの》（秀長）、昨暁《さくぎょう》、仏士《ぶつし》（仏師）ども召《め》し具《ぐ》し上洛《じょうらく》しおわんぬ、大仏建立の用意」とみえ、秀吉の弟で大和大納言《やまとだいなごん》とよばれた豊臣秀長《とよとみひでなが》（羽柴秀長《はしばひでなが》）が仏師《ぶつし》を連れて上洛し、また同記天正一七年

（一五八九）二月一八日条にも「大仏の尺迦《しやか》、今日より鋳《い》るよしなり」とあるにもかかわらず、それ以後のようすがほとんどわからないからである。

ただし、『当代記』文禄三年（一五九四）に「このころ、東山の大仏ようやく出来《しゆつたい》のあいだ、足代《あししろ》をも取り、仏体《ぶつたい》をも塗り、築山《つきやま》をも引く」とみえるので、文禄三年ころには完成に近づいていたと思われる。

実はこの点で注目されるのが、宣教師ルイス・フロイスの『日本史』にみえるつぎのような記事である。

この偶像《ぐうぞう》（大仏）は、背丈《せたけ》が巨大で、寺院が完成しても（後から）内部に収めるわけにはいかなかったので、まず中央に偶像を造り、その周囲に寺院を建築してゆくことになった。そして諸国から召集した夥《おびただ》しい数の人手をもって、この広大な建築をいっそう順調に進捗《しんちよく》せしめるために、同所に巨大な土山《つちやま》を築かせ、その頂《いただき》に備えつけた巻《まき》揚機《あげき》をもって、柱その他寺院の建材をひきあげさせた。

これによって本尊の大仏が大仏殿より先につくられていたことがわかるが、それ以上に注目されるのは、「巨大な土山」が築かれ、そこへ「巻揚機」をつけて材木を引きあげていたということであろう。というのも、ここにみえる「巨大な土山」が『当代記』にみえる「築山」と考えられ、築山が崩された文禄三年ころには、大仏殿・大仏ともに完成のめどがつきはじめていたことが裏づけられるからである。

実際、『多聞院日記』文禄三年七月二二日条にも「大仏もおおむね出来」とみられるので、少なくとも大仏は完成まぢかだったと考えてよいだろう。

なお、少し時期のさがる史料だが、醍醐寺《だいごじ》三宝院門跡《さんぼういんもんぜき》の義演《ぎえん》がその日記『義演准后日《ぎえんじゅごうにっ》記《き》』慶長《けいちょう》七年（一六〇二）一二月四日条に「太閤《たいこう》（秀吉）、この大伽藍《だいがらん》御建立御発起《ほっき》のとき、まず最初異朝《いちょう》（外国）のもの来《きた》りて、本尊漆喰《しっくい》にて造立《ぞうりゅう》おわりて、その後、堂周備《しゅうび》、（中略）本尊といい、後光《ごこう》といい、ことごとく黒漆《くろうるし》、その上を金薄《きんぱく》（箔）にて押したてまつる」と大仏造立にかかわる情報を記している。

このように大仏を漆喰でつくったという話は、江戸時代につくられた有名な『太閤記《たいこうき》』にも記されているが、同時代の信頼できる史料としては、『義演准后日記』を含めその数はかならずしも多くない。したがってその真偽を判断するのはむずかしいが、あるいはある段階で金銅仏の造立をあきらめて、右のようなかたちで完成を急いだということは考えられよう。

ちなみに、大仏殿と大仏以外の作事についてもわからない部分が少なくないが、文禄五年（一五九六）正月二一日に「大仏中門《ちゅうもん》柱二本立ち初め」（『義演准后日記』）とあるので、「中門」、あるいは「楼門《ろうもん》」とよばれた門の作事があったことは確認できる。

また、天正二〇年四月一六日に公家《くげ》の山科言経《やましなときつね》が「大仏の内講堂《うちこうどう》普請奉行大和侍従殿御《やまとじじゅうどのみ》内一晏法印《うちいちあんほういん》（横浜良慶《よこはまりょうけい》）」（『言経卿記』）と会っており、ここから講堂の普請計画があったことや、その奉行が木食応其ではなく、「大和侍従」（豊臣秀保《とよとみひでやす》＝羽柴秀保）の重臣「一晏法印」（横浜良慶）であったこともわかる。

ただし、この講堂の普請計画は、秀吉在世中には実行されなかった。しかしそれでもこのことから、大仏殿以外の普請や作事の奉行が木食応其とは別系統の集団に命じられていたという可能性は考えられよう。

「大仏絵」と大仏殿のすがた

ところで、大仏殿の立柱がおこなわれる直前の天正《てんしょう》二〇年（一五九二）一〇月のこと、山科言経のところへ「久河説曾《ひさかわせつそう》の妻」とその「甥《おい》の絵屋《えや》」なる人物が「東寺の塔ならびに大仏絵」を描きたいので、「大仏上人」（木食応其）への取りなしを頼みにきたということが、『言経卿記《ときつねきょうき》』一〇月二七日条に記されている。

また同じ年の一一月にも「土佐雅楽助入道宗己《とさうたのすけにゅうどうそうこ》」とその「子息《しそく》雅楽助」が同じような依

頼を言経にし、こちらは実際に木食応其と「対顔《たいがん》」できたと同記一一月三日条には記されている。

ここでいう「大仏絵」がどのようなものだったのかはわからないが、大仏殿の内部の装飾としての絵だったのだろうか。(9) あるいは、完成したあかつきの大仏殿や大仏の勇姿を描きたいということだったのだろうか。

いずれにしてもその実態はよくわからないが、もし完成した後の大仏殿や大仏の絵で、しかもそれが残されていたならば、そのすがたをつたえるものとして貴重なものとなっただろう。

というのも、現在知られている大仏殿や大仏に関する図面や寸法などはすべて秀吉の子秀頼《ひでより》によって再建されたものにかかわるもので、(10) 秀吉によって建立された大仏殿や大仏のすがたをつたえるものはなにひとつ残されていないからである。

そのようななか、かろうじてそのすがたをつたえている絵が残されている。それが、豊《とよ》国神社《くにじんじゃ》に残される『豊国祭礼図《とよくにさいれいず》』という、秀吉七回忌《しちかいき》を記念して慶長《けいちょう》九年（一六〇四）八月におこなわれた臨時祭《りんじまつり》のようすを描いた屛風《びょうぶ》である。

この屛風の貴重な点は、この時期の大仏殿のすがたが描かれているだけではなく、屛風自体が秀頼の家臣片桐且元《かたぎりかつもと》によって秀吉をまつる豊国社《とよくにしゃ》へ奉納《ほうのう》されたという事実が神龍院《じんりゅういん》

図９　大仏殿（『豊国祭礼図』 豊国神社蔵）

梵舜《ぼんしゅん》の日記『舜旧記《しゅんきゅうき》』慶長一一年（一六〇六）八月一八日条から確認できる点である。

つまり、これによって、そこに描かれた大仏殿も慶長九年から慶長一一年までのすがたとしてみることが可能となるわけだが、ただし問題点もある。それはこの間、肝心の大仏殿が現実には存在しないという点であった。

なぜそのような話になるのかというと、実は秀吉によって建立された大仏殿は慶長七年（一六〇二）一二月に火災で焼失し（『舜旧記』）、それが再建されはじめるには慶長一四年（一六〇九）正月まで待たなければならなかったからである（『当代記《とうだいき》』）。

この間、およそ七年間は大仏殿も大仏も存在しなかったわけだが、しかしこのことから逆に、『豊国祭礼図』に描かれた大仏殿は再建以前のもの、しかも屛風自体が豊臣家によって制作されたものである以上、秀吉によって建立された大仏殿のすがたをかなり正確に復元してつたえたものと考えることができるのである。

ちなみに、秀吉によって建立された大仏殿と秀頼によって再建された大仏殿との外見上の大きな違いは、前者では、側柱《がわばしら》（もっとも外側の柱）が上層軒《じょうそうのき》まで達し、また大仏殿正面中央の切上《きりあ》げ屋根《やね》が唐破風《からはふ》（現在の東大寺大仏殿と同じもの）になっていない点だとされている(11)。

たしかに『豊国祭礼図』に描かれた大仏殿とほかの『洛中洛外図《らくちゅうらくがいず》』に描かれた大仏殿とをみくらべてみると、素人目にもよくわかる。なぜそのような違いが生まれたのかについてはもちろん建築史を専門としない著者には判断のしようもないが(12)、とりあえず本書では、『豊国祭礼図』に描かれた大仏殿のすがたを念頭におきつつ話をすすめてゆくことにしたいと思う。

大仏住持と寺名

ところで、天正一六年（一五八八）から普請や作事がはじめられた大仏殿や大仏は、いつごろ完成したのだろうか。そのめやすをさがすとすれば、おそらくそれは堂供養《どうくよう》や開眼供養《かいげんくよう》といった儀式がとりおこなわれたかどうかとなろう。

管見のかぎりでは、それらの儀式が話題にのぼりはじめたのは文禄五年（慶長元年、一五九六）と確認できるので、中門の状況は不明ながらも、この年には大仏殿・大仏はほぼ完成していたとみることができる。天正一六年からかぞえれば、およそ八年後のことであった。(13)

その文禄五年からさかのぼること一年前、文禄四年（一五九五）九月二一日に「東山大仏住持《じゅうじ》に聖護院《しょうごいん》、太閤《たいこう》（秀吉）より仰《おお》せられおわんぬ、今日わたましなり」（『言経卿記』）とか、また「聖護院殿、新大仏の方丈《ほうじょう》へ移徙《わたまし》これあり、御知行は一万石付《ふ》せられおわんぬ」（『多聞院日記』）とみえるように新大仏の住持に天台宗寺院《てんだいしゅう》の園城寺《おんじょうじ》（三井寺《みいでら》）の聖護《しょうご》院門跡道澄《いんもんぜきどうちょう》が任じられ、寺領一万石があたえられたことがわかる。

よく知られているように、日本の天台宗は延暦寺《えんりゃくじ》の山門派《さんもんは》と園城寺の寺門派《じもんは》に大きく分かれており、したがって新大仏の住持は天台宗寺門派の門跡が握ることとなった。

ここで注意しておく必要のあるのが、この道澄が住持となった寺の名のことである。というのも、その寺名としては一般に方広寺《ほうこうじ》というのが知られているが、その名がみられるのは、江戸時代前期に刊行された京都の地誌《ちし》『扶桑京華志《ふそうきょうかし》』に記される「大仏殿方広寺《だいぶつでんほうこうじ》」あたりが最初で、その由来も同じような地誌『雍州府志《ようしゅうふし》』にみえる「この像、華厳説法《けごんせっぽう》広仏《こうぶつ》の体相《ていそう》なり、ゆえに方広寺と号す」というのがもっとも早いと考えられるからである。

実際、道澄が住持となった寺の名は、「東山大仏」あるいは「新大仏」としか記録には記されていない。また、ここまでみてきた史料のいずれにおいても何寺という寺名を見いだすことはできない。そのうえ、豊臣家が滅ぶ時期までは少なくとも同様の状況がつづくと考えられるので、この寺の名というのは、「新大仏」「京都東山大仏」「東山大仏」のいずれかか、あるいは「大仏」であったと判断せざるをえないだろう。

簡単にいえば、完成に近づいていた寺の名はただ単に大仏であった。それはつまりこのころ日本で大仏といえば、秀吉によって建立された大仏殿と大仏をおいてほかに存在しないということを意味したのである。

ところで、先にもふれたように、大仏殿の堂供養、大仏の開眼供養はともに文禄五年に予定されていたが、それより一年も前に住持が任じられた理由についてはさだかではない。ただ、『多聞院日記』がつたえるように、その翌日九月二二日から「秀吉の母の命日法事《めいにちほうじ》始まる」こととおそらく無関係ではないだろう。

実はこの法事こそ、後に大仏千僧会《だいぶつせんぞうえ》とよばれる大規模な法会で、結果としてその歴史的な意義は大仏殿や大仏の存在よりも重要なものとなった。

そこで次章では、この大仏千僧会がいかなる法会だったのか、その点についてくわしくみてゆきたいと思うが、そのまえに本章の最後に、大仏出現の発端ともなった信長の仏事のほうはどうなったのかについてだけふれておくことにしよう。すると天正一六年（一五八八）六月には「信長去る二日第七廻《だいしちかい》、さしたる追善《ついぜん》の聞《きこ》えもこれなし」（『多聞院日記』）、また文禄三年（一五九四）六月には「今日は織田弾正少弼《だんじょうしょうひつ》信長公の第十三廻《だいじゅうさんかい》なり、当時天下の補佐は御恩徳《ごおんとく》といえども、追善の沙汰《さた》これなし」（『多聞院日記』）というように、七《しち》回忌《かいき》のときも一三回忌《じゅうさんかいき》のときもともに秀吉によって追善仏事がなされた形跡のなかったことがわかる。

もはや秀吉にとって信長の影は完全に過去のものとなっていたことがここからもうかがえよう。

註

（1）河内将芳『中世京都の都市と宗教』（思文閣出版、二〇〇六年）。
（2）大桑斉『日本近世の思想と仏教』（法藏館、一九八九年）。
（3）藤井学「社寺の復興」（京都市編『京都の歴史 4 桃山の開花』学芸書林、一九六九年）。

（4）河内将芳『中世京都の民衆と社会』（思文閣出版、二〇〇〇年）。
（5）風流踊については、註（4）参照。
（6）以下、小見出しの「大仏殿御普請手伝」「大仏殿材木」「大仏殿御算用事」「番匠と職人」の部分については、三鬼清一郎「方広寺大仏殿造営に関する一考察」（永原慶二・稲垣泰彦・山口啓二編『中世・近世の国家と社会』東京大学出版会、一九八六年）参照。
（7）この点については、瀬田勝哉「秀吉が伐らせた木――東山大仏殿材木と富士山――」（平成一八年度宗教・文化研究所公開講座講演録要旨、『京都女子大学宗教・文化研究所だより』四五号、二〇〇七年）にくわしい。また、木曾材については、曽根勇二『秀吉・家康政権の政治経済構造』（校倉書房、二〇〇八年）参照。
（8）盛本昌広『松平家忠日記』（角川選書、一九九九年）。
（9）山根有三「絵屋について」（『美術史』四八号、一九六三年）。
（10）内藤昌・中村利則「ミヤコの変貌――聚楽第と大仏殿――」（『近世風俗図譜　第九巻　祭礼（二）』小学館、一九八二年）。黒田龍二「大仏殿地割図の分類――東大寺大仏殿内板図の評価をめぐって――」（『論集近世の奈良・東大寺　ザ・グレイトブッダ・シンポジウム論集』第四号、二〇〇六年）。
（11）註（7）参照。
（12）ちなみに、『当代記』慶長一六年（一六一一）一一月条に「東山大仏殿ようやく出来《しゅったい》、瓦を上揃えなば、柱破るべきかとうんぬん、みな接《は》ぎ柱なり」とみえるように、秀頼によって再建された大仏殿の柱は、秀吉のときのように一本の木でできた柱ではなく接ぎ合わせられたものだった。

よって、強度の問題というのが関係あるのかもしれない。

（13）『義演准后日記』文禄五年（一五九六）二月二五日条に「大仏中門、昨日柱ことごとく立つとうんぬん」とみえるので、この段階でようやく柱がすべて立ったという状態だったことがわかる。

第二章　大仏千僧会の開始

1　秀吉の先祖供養

秀吉身内の不幸

天正《てんしょう》二〇年（一五九二）七月二二日、秀吉の実母大政所《おおまんどころ》が聚楽第《じゅらくだい》で亡くなった。『多聞《たもん》院日記《いんにっき》』によれば、享年《きょうねん》は「七十六才」であったという。当時の人としてはかなり長寿《ちょうじゅ》の部類に入るから大往生《だいおうじょう》といえるが、しかし秀吉にとってはこの間、大政所のことを含め身内の不幸がつづいていた。

というのも、これよりわずか二年前の天正一八年（一五九〇）正月には徳川家康《とくがわいえやす》の「妻《さい》室《しつ》」となっていた実妹が亡くなり（『当代記《とうだいき》』）、また一年前の天正一九年（一五九一）正月には実弟豊臣秀長《とよとみひでなが》（羽柴秀長《はしばひでなが》）が（『多聞院日記』）、そしてその年の八月には実子お鶴《つる》（鶴《つる》松《まつ》・棄丸《すてまる》）も「三歳」（『当代記』）で亡くなっていたからである。

とりわけお鶴の死はかなりのショックだったようで、「殿下《でんか》（秀吉）このことをあまりに嘆《なげ》かせたまいけるにより、御心も尋常《じんじょう》にかわり、御髻《もとどり》切らせたまい、菩提《ぼだい》の心つかせたまう」（『三藐院記《さんみゃくいんき》』）とつたえられるように、一時は髪を切り出家《しゅつけ》を決意したという。

さしもの秀吉もこうたてつづけに何人もの身内が亡くなるとは予想もしていなかったのだろう。しかし、身内の不幸のなかでもとびぬけて悲惨であったのは、文禄《ぶんろく》四年（一五九五）七月から八月にかけておこった豊臣秀次《とよとみひでつぐ》（羽柴秀次《はしばひでつぐ》）とその一族の滅亡であった。

図10　大政所
（東京大学史料編纂所所蔵模写）

もっとも、この秀次一族の滅亡という不幸は秀吉の命令によっておこされたから、それ以前の不幸とは一線をひかねばならない。が、この秀次一族のことがあってまもなくの九月二一日に、先にもふれたように大仏住持《じゅうじ》に聖護院門跡道澄《しょうごいんもんぜきどうちょう》が任じられ、そしてその翌日の大政所の月命日《つきめいにち》に大規模な法会《ほうえ》がおこなわれることになったという以上、そのあいだになんらかの関係があったと考えるのが自然であろう。

その関係については後にふれることにして、まずはこの大規模な法会がどのようにおこなわれていったのかそのようすからみてゆくことにしよう。(1)

諸宗への要請

東寺《とうじ》より一宗中《いっしゅうちゅう》へ相触《あいふ》れらるべくそうろう、已上《いじょう》、
大仏妙法院殿《みょうほういんどの》において、毎月太閤様御先祖御弔《おとむらい》として一宗より百人ずつかの寺へ出仕《しゅっし》そうらいて勤めあられ、一飯分《いっぱんぶん》参るべきむね御諚《ごじょう》にそうろう、しからば、今月廿二日《にじゅうににち》よりはじめて執行《しっこう》せられそうろう、その意《い》をなさるべくそうろう、百人までこれなき寺は書きつけ申し越《こ》さるべくそうろう、恐々謹言《きょうきょうきんげん》、
民部卿法印《みんぶきょうほういん》
玄以《げんい》（花押《かおう》）
（文禄四年）九月十日
東寺
醍醐寺《だいごじ》
その外真言宗中《ほかしんごんしゅうちゅう》

いきなり史料の引用で恐縮だが、これは京都の東寺に残された史料（『東寺文書《とうじもんじょ》』）である。

もっとも、内容はそうむずかしいものではなく、文禄四年（一五九五）九月二二日より毎月、「大仏妙法院」において「太閤様御先祖」の「御吊」＝供養の法会をおこなうので、「一宗《いっしゅう》」より一〇〇人ずつの僧を出仕させよ。そうすれば、「一飯分」がくだされる。

図11　豊臣秀次
（東京大学史料編纂所所蔵模写）

もし一〇〇人をそろえることができない寺はその旨《むね》を書きつけ申し出よ、という秀吉の命令が、所司《しょし》代《だい》である玄以《げんい》（前田《まえだ》玄以《げんい》）を通して「東寺」「醍醐寺」「そのほか真言宗中」へつたえられたものとなる。

二二日という日付が大政所の月命日であることから、ここでいう「太閤様御先祖」が実母大政所をさすことはあきらかである。また、この文面を信用すれば、法会がおこなわれる一〇日余り前になって急に豊臣政権は右のような命令をくだしたことになろう。

秀次一族の滅亡からかぞえてもわずか一月余《ひとつき》り、また聖護院門跡道澄が大仏住持に任じられるより前にこのような命令がくだされている点からも、今回の法会が秀次一族の不幸をかなり意識していたことがうかがえる。

その詳細については後でふれることにして、ここでまず注目されるのは、真言宗という「一宗」より一〇〇人ずつの僧を出仕させようとしていることからもあきらかなように、豊臣政権が東寺や醍醐寺など各寺院よりも真言宗という「一宗」、あるいは「宗」という宗派《しゅうは》をひとくくりとしてみていた点であろう。むしろ東寺や醍醐寺などはここでは「一宗」への連絡役として位置づけられていた。

なぜこの点に注目しなければならないのかというと、中世ではこのように「一宗」や「宗」という宗派単位でひとくくりにされることは少なく、どちらかといえば各寺院のほうが前面に出ることが多かったからである。

だいたい、中世では、真言宗など顕密仏教《けんみつぶっきょう》（いわゆる旧仏教）系の大寺院では、複数の宗派が寺院内で併存《へいぞん》していることもめずらしくなく、また本寺《ほんじ》と末寺《まつじ》のあいだですら宗派が異なることも少なくなかった。

したがって、この時期とそれ以前とのあいだには大きな変化がおこっていたわけだが、そのことについても後でふれることにして、右と同じような命令は「法華宗中《ほっけしゅう》」（『宗義制《しゅうぎせい》法論《ほうろん》』）にも出されているので、ほかの宗派にも同じようにつたえられたのであろう。

大政所御父母

その結果、この九月下旬に問題の法会はおこなわれる。しかし、実際におこなわれた法会は当初予定されていたものとは大きく異なることになった。

そのことを公家《くげ》の山科言経《やましなときつね》がみずからの日記にくわしく書き残しているので、みてみることにしよう。

大仏経堂《きょうどう》にて太閤（秀吉）より御母儀故大政所御父母栄雲院道円《えいうんいんどうえん》囷儀・栄光院妙円《えいこういんみょうえん》囷儀ら御弔《おとむらい》として、八宗《はっしゅう》に仰せつけらる法事《ほうじ》これあり、昔より八宗、都《みやこ》にこれなき分これあるあいだ、新儀にまず真言衆《しんごんしゅう》東寺・醍醐寺・高山寺、・天台宗《てんだいしゅう》七十人、三井寺三十人を加う、・律僧《りっそう》・五山禅宗《ござんぜんしゅう》・日蓮党《にちれんとう》・浄土宗《じょうどしゅう》・遊行《ゆぎょう》・一向衆《いっこうしゅう》などなり、一宗より百人ずつなりとうんぬん、一宗ずつにて斎《とき》これあり、

右はその『言経卿記《ときつねきょうき》』文禄《ぶんろく》四年（一五九五）九月二五日条にみえる記事である。これによって、九月二五日に問題の法会がおこなわれたことがわかるが、しかしよくよく考えて

みると大政所の月命日は二二日だったはずである。

したがって、法会は三日遅れでおこなわれたのかと思うと、実はそうではなく、右からも読みとれるように、この日、秀吉の先祖として供養されたのは大政所その人ではなく、その「御父母」、つまり秀吉の祖父母にあたる「栄雲院道円」と「栄光院妙円」という人物たちだったことがあきらかとなる。

また、二五日というのも、別の史料（『妙法院史料《みょうほういんしりょう》』）によって「御祖父様」の月命日であり、またその祥月命日《しょうつきめいにち》が四月二五日だったこともわかる。つまり、この九月二五日に法会がおこなわれたのは、遅れたわけではけっしてなく、むしろ秀吉の祖父の月命日にあわせておこなわれたというのが実際だった。

これらのことから、法会がおこなわれる直前になって供養の対象が急きょ変更されたという事実がうかびあがってくる。しかも注目されるのは、これ以降も二二日に法会がおこなわれることはなく、文禄四年以降のようすを一覧にした表3をみてもあきらかなように二五日と二九日に隔月《かくげつ》で法会がおこなわれてゆくようになるという事実である。

ちなみに二九日というのは、「御祖母様」の月命日で、その祥月命日が六月二九日であったこともわかるが（『妙法院史料』）、いずれにしても、以上のことから今回の法会が秀吉の実母大政所の供養のためではなく、その「御父母」、つまり祖父母の供養のためにおこなわれたものだったことがあきらかとなろう。

表3　大仏千僧会一覧（便宜上、慶長五年までとした）

年	月日	八宗の次第	関係記事（抄）	典拠
文禄四年	九月二五日	真言宗・天台宗・律宗・禅宗・法華宗・浄土宗・時宗・真宗	大仏経堂にて法事、妙門跡千僧供養堂	言経卿記・華頂要略
	一〇月二五日	真言宗・天台宗・律宗・禅宗・浄土宗・法華宗・時宗・真宗	大仏経堂法事、大仏千僧供養	言経卿記・華頂要略
	一一月二九日	真言宗・天台宗・律宗・禅宗・浄土宗・法華宗・時宗・真宗	大仏斎会	孝亮宿禰記・華頂要略
	一二月二五日	真言宗・天台宗・律宗・禅宗・浄土宗・法華宗・時宗・真宗		孝亮宿禰記
文禄五年（慶長元年）	正月二九日	真言宗・天台宗・律宗・禅宗・浄土宗・法華宗・時宗・真宗	毎月御斎、大仏千僧会	孝亮宿禰記・義演准后日記
	二月二五日	真言宗・天台宗・律宗・禅宗・浄土宗・法華宗・時宗・真宗	大仏之経堂にて毎月法事、大仏法事	言経卿記・義演准后日記

		三月二九日	真言宗・天台宗・律宗・禅宗・浄土宗・法華宗・時宗・真宗	大仏千僧供養、大仏千僧供	孝亮宿禰記・義演准后日記・華頂要略
	四月二五日		真言宗・天台宗・律宗・禅宗・浄土宗・法華宗・時宗・真宗	大仏千僧会	孝亮宿禰記・義演准后日記・言経卿記
		五月二九日	真言宗・天台宗・律宗・禅宗・浄土宗・法華宗・時宗・真宗	八百僧御斎	孝亮宿禰記・義演准后日記・言経卿記・華頂要略
	六月二五日		真言宗・天台宗・律宗・禅宗・浄土宗・法華宗・時宗・真宗	千僧会	義演准后日記・言経卿記
		七月二九日	真言宗・天台宗・律宗・禅宗・浄土宗・法華宗・時宗・真宗	大仏千僧会、大仏殿斎会	義演准后日記・華頂要略
文禄五年（慶長元年）	閏七月二五日		真言宗・天台宗・律宗・禅宗・浄土宗・法華宗・時宗・真宗	大仏千僧会、以外自宗無人	義演准后日記・言経卿記
		八月二九日	真言宗・天台宗・律宗・禅宗・浄土宗・法華宗・時宗・真宗	大仏千僧会	義演准后日記
	九月二五日		真言宗・天台宗・律宗・禅宗・浄土宗・法華宗・時宗・真宗	千僧会	義演准后日記

	一〇月二九日	真言宗・天台宗・律宗・禅宗・浄土宗・法華宗・時宗・真宗	千僧会、八幡山衆初めて出仕	義演准后日記
	一一月二五日	真言宗・天台宗・律宗・禅宗・浄土宗・法華宗・時宗・真宗	大仏殿千僧供養、千僧会、大仏の斎	義演准后日記・舜旧記・華頂要略
	一二月二五日	真言宗・天台宗・律宗・禅宗・浄土宗・法華宗・時宗・真宗	大仏法会、以外無人	義演准后日記
慶長二年	正月二九日	真言宗・天台宗・律宗・禅宗・浄土宗・法華宗・時宗・真宗	大仏千僧会、大仏の奥妙法院殿経堂にて例月の法事	義演准后日記・言経卿記
	二月二五日	真言宗・天台宗・律宗・禅宗・浄土宗・法華宗・時宗・真宗	千僧会	義演准后日記
	三月二九日	真言宗・天台宗・律宗・禅宗・浄土宗・法華宗・時宗・真宗	大仏の奥妙法院殿経堂にて例月の法事	言経卿記
	四月二五日	真言宗・天台宗・律宗・禅宗・浄土宗・法華宗・時宗・真宗	大仏千僧会	義演准后日記・言経卿記
	五月二九日	天台宗・真言宗・律宗・禅宗・浄土宗・法華宗・時宗・真宗	大仏法事太閤御所御聴聞、太閤妙法院御斎御見物	義演准后日記・言経卿記・鹿苑日録

慶長二年		六月二九日	天台宗・真言宗・律宗・禅宗・浄土宗・法華宗・時宗・真宗	大仏法事、天台導師妙法院宮今また一番なり	義演准后日記・言経卿記
	七月二五日		真言宗・天台宗・律宗・禅宗・浄土宗・法華宗・時宗・真宗	大仏千僧会、去々月以来、導師の戒臈次第、当月は真言一番	義演准后日記
		八月二九日	真言宗・天台宗・律宗・禅宗・浄土宗・法華宗・時宗・真宗	千僧会、今月真言第一番なり	義演准后日記・言経卿記
	九月二五日		天台宗・真言宗・律宗・禅宗・浄土宗・法華宗・時宗・真宗	千僧会、真言宗第二番	義演准后日記
		一〇月二九日	天台宗・真言宗・律宗・禅宗・浄土宗・法華宗・時宗・真宗	大仏千僧会、戒臈次第	義演准后日記
	一一月二五日		天台宗・真言宗・律宗・禅宗・浄土宗・法華宗・時宗・真宗	大仏千僧会、当月は天台宗第一	義演准后日記・言経卿記
	一二月二五日		天台宗・真言宗・律宗・禅宗・浄土宗・法華宗・時宗・真宗	大仏千僧会	義演准后日記
		（正月二九日）	（未詳）		

慶長三年

二月二五日		天台宗・真言宗・律宗・禅宗・浄土宗・法華宗・時宗・真宗	大仏千僧会、真言第二番なり	義演准后日記
	三月二九日	（未詳）	大仏千僧会	義演准后日記
四月二五日		天台宗・真言宗・律宗・禅宗・浄土宗・法華宗・時宗・真宗	千僧会、鬮次第、天台最初なり	義演准后日記・言経卿記
	五月二九日	真言宗・天台宗・律宗・禅宗・浄土宗・法華宗・時宗・真宗	大仏千僧会、真言第一番	義演准后日記
六月二五日		天台宗・真言宗・律宗・禅宗・浄土宗・法華宗・時宗・真宗	大仏千僧会、大仏へ斎、真言第二番	義演准后日記・言経卿記・舜旧記
	（七月二九日）	（未詳）		
（八月二五日）		（未詳）		
	九月二九日	天台宗・真言宗・律宗・禅宗・浄土宗・法華宗・時宗・真宗	大仏千僧会、天台導師	義演准后日記

慶長三年	（一〇月二五日）		（未詳）		
		一一月二九日	天台宗・真言宗・律宗・禅宗・浄土宗・法華宗・時宗・真宗	大仏千僧会、大仏之斎、天台導師	義演准后日記・舜旧記
	一二月二五日		天台宗・真言宗・律宗・禅宗・浄土宗・法華宗・時宗・真宗	大仏千僧会、天台導師梶井宮	義演准后日記
		正月二九日	天台宗・真言宗・律宗・禅宗・浄土宗・法華宗・時宗・真宗	大仏千僧会、真言導師大覚寺宮、天台導師照高院准后	義演准后日記
	二月二五日		真言宗・天台宗・律宗・禅宗・浄土宗・法華宗・時宗・真宗	大仏出仕、真言一番	義演准后日記
		三月二九日	天台宗・真言宗・律宗・禅宗・浄土宗・法華宗・時宗・真宗	大仏千僧、天台導師聖護院宮	義演准后日記
	閏三月二五日		天台宗・真言宗・律宗・禅宗・浄土宗・法華宗・時宗・真宗	大仏千僧会、天台導師梶井宮	義演准后日記
	四月二五日		真言宗・天台宗・律宗・禅宗・浄土宗・法華宗・時宗・真宗	千僧会、北政所御聴聞、最初真言宗	義演准后日記

慶長四年

五月二五日		天台宗	天台一宗	義演准后日記
	六月二九日	天台宗・真言宗・律宗・禅宗・浄土宗・法華宗・時宗・真宗	大仏千僧会、八宗、真言は二番	義演准后日記・舜旧記
七月二五日		真言宗	大仏千僧会、当月は真言宗一宗の出仕なり	義演准后日記
	八月（二九日）	律宗	律一宗	義演准后日記
九月（二五日）		禅宗	禅僧一宗	義演准后日記
	一〇月（二九日）	浄土宗	浄土一衆	義演准后日記
一一月（二五日）		法華宗	日蓮一衆	義演准后日記
一二月（二五日）		時宗	遊行一衆	義演准后日記

		正月二九日	真宗	本願寺一衆、千僧会、当月一向衆番、天台と真言相論未決	義演准后日記
	二月二五日		（真言宗）	大仏出仕、大仏千僧会、当月より初めおわんぬ	義演准后日記
		（三月二九日）	（天台宗）		
	四月二五日		天台宗・真言宗・律宗・禅宗・浄土宗・法華宗・時宗・真宗	大仏千僧会、当月は諸宗出仕、天台導師梶井宮、これにより一番	義演准后日記
		（五月二九日）	（律宗）		
		六月二九日	天台宗・真言宗・律宗・禅宗・浄土宗・法華宗・時宗・真宗	大仏千僧会、今月は諸宗出仕、戒臈次第の儀につき、真言宗第二番なり	義演准后日記
慶長五年	（七月二五日）		（禅宗）		
		（八月二九日）	（浄土宗）		

（九月二五日）		（法華宗）		
	（一〇月二九日）	（時宗）		
（一一月二五日）		（真宗）		
一二月二五日		天台宗	大仏御法事、天台宗御始	義演准后日記

秀吉の祖父母

しかしそれにしてもなぜ、このように直前になって供養の対象が大政所からその父母へと変更されたのだろうか。また、そもそも秀吉の祖父母なる「栄雲院道円《えいうんいんどうえん》」と「栄光院妙円《えいこういんみょうえん》」とはどのような人物たちだったのだろうか。

残念ながらこの点については、これまでほとんど注目されてこなかったし、またその手がかりとなる史料も知られてない。が、そのようななかでわずかに一点だけこのことにふれている史料がある。それが、『関白任官記《かんぱくにんかんき》』とよばれる記録にみえるつぎのような一節である。

その素性《すじよう》を尋《たず》ぬるに、祖父・祖母禁囲《きんい》に侍《じ》す、萩《はぎ》の中納言《ちゆうなごん》と申すにや、今の大政所殿三歳の秋、ある人の讒言《ざんげん》によりて、遠流《おんる》に処せられ、尾州飛保村雲《びしゆうひぼむらくも》というところに謫《てつ》居《きよ》を卜《ぼく》して春秋《しゆんじゆう》を送る。（中略）大政所殿、幼年《ようねん》にして上洛《じようらく》あり、禁中《きんちゆう》の傍《かたわら》に宮仕《みやづかえ》したまうこと両三年《りようさんねん》、下国《げこく》あり、ほどなく一子《いつし》誕生す、今の殿下《でんか》（秀吉）これなり、孩《がい》子《じ》より奇怪のこと多し、いかさま王氏《おうし》にあらずんば、いかでかこの俊傑《しゆんけつ》を得んや、

『関白任官記』は、秀吉の誕生日が「丁酉《ていゆう》二月六日」（天文《てんぶん》六年、一五三七）と明記されていることでも知られているが、右の一節は秀吉の「素性」（出自）が記されたものとしても貴重である。

それによれば、秀吉の祖父・祖母は「禁囲」＝宮中《きゆうちゆう》につかえた人物で、祖父は「萩の中納言」という公家《くげ》であったという。ところが、大政所が「三歳」のときに「讒言」により「遠流」（流罪《るざい》）となった。そのため、大政所は尾張国《おわりのくに》の飛保村雲というところに暮らすことになったが、その後、上洛し、「禁中」＝天皇の側に二、三年つかえた後に尾張に帰って、一人の子を産んだ。

それが秀吉である。幼いころより秀吉には不思議なことが多かったが、それは秀吉が「王氏」＝天皇の血をひく皇胤《こういん》であるからだ。そうでないとこのような俊傑（才徳《さいとく》のすぐれた人物）は生まれてはこないだろう、というのが右の史料の語る内容である。

ここからは、秀吉の祖父が公家であったこと、しかもその娘大政所は天皇の子を身ごもり、その結果生まれたのが秀吉であるという、秀吉皇胤説というものが読みとれる。

もっとも、この話をそのまま事実としてうけいれるわけには当然ゆかない。が、ここで重要なのは、この『関白任官記』を含めた『天正記《てんしょうき》』とよばれる一連の秀吉伝記が、秀吉自身の命令で右筆《ゆうひつ》である大村由己《おおむらゆうこ》によって作成されたものであったという事実であろう。なぜなら、それが真実かどうかは別として、その内容は秀吉自身の素性にかかわる認識、あるいは自己主張を反映したものとみることができるからである。

太閤様御先祖

ただし、このようにしてみてもなお文禄四年九月にはじめられた法会が、なぜその供養の対象を大政所から急きょその父母に変更する必要があったのかという理由まではわからない。そこで、そのことを考える手がかりとして注目したいのが、先の『東寺文書』にみえる「太閤様御先祖」ということばである。

この「太閤様御先祖」としては、当初、大政所がその念頭におかれていたが、しかし片親だけを「御先祖」として供養するわけにはいかなかったのだろう。そこでその祖父母というものをもち出すことになったわけだが、ここで重要なのは実父を登場させていない点で、そのことによって、あらためて秀吉が皇胤であることを主張するとともに、秀吉によってうちたてられた豊臣家（羽柴家）が天皇の血をひく家として成立したことも主張しようとしたと考えられるからである。

あるいは、外交文書だけにしか登場しないことで知られる「予《よ》（秀吉）、懐胎《かいたい》のはじめ、慈母《じぼ》（大政所）、日輪《にちりん》の胎中《たいちゅう》に入るを夢《ゆめ》む」（『続善隣国宝記《ぞくぜんりんこくほうき》』）といった、日輪＝太陽が大政所の腹に入りその結果生まれたのが秀吉であるという、日輪受胎神話《にちりんじゅたいしんわ》（2）というのも意識していたのかもしれない。が、いずれにしても、秀吉がみずからの先祖を父系ではなく、母系にあることを強調していた点はあきらかといえよう。

とすれば、なぜこの時期にこのようなことを法会を通してわざわざ強調する必要があったのだろうか。そこで思いおこさねばならないのが、やはりこの直前におこされた秀次一族の滅亡という不幸であろう。

なぜならこの秀次一族の滅亡とは、文禄二年（一五九三）八月に生まれた秀吉の血をひく唯一の存在である御拾《おひろい》（後の秀頼《ひでより》）に豊臣家を継承させるためにおこなわれた粛正《しゆくせい》以外のなにものでもなかったからである。

豊臣家を嗣《つ》ぐものとは、秀次のような大政所の血をひくだけでは不十分であり、秀吉の血もうけついだものでなければならなかった。それは同時に、実母大政所、そしてその父母＝「太閤様御先祖」という母系の血筋をただしくうけついだもの＝御拾以外には存在しないのであり、そのことを秀次一族が滅亡した機会をとらえつつ、今回の法会を通してあらためて強調する必要があったと考えられるのである。

2　新儀の八宗

大仏経堂と大仏妙法院

このようにしてはじめられた法会は、しだいに「大仏千僧会《だいぶつせんぞうえ》」「大仏千僧供養《だいぶつせんぞうくよう》」「大仏斎会《だいぶつさいえ》」「大仏法事《だいぶつほうじ》」などとよばれるようになり（以下では、大仏千僧会で統一）、そのこともあって、大仏殿で法会がおこなわれていたかのような誤解がながくもたれてきた。

事実としては一度として大仏殿で大仏千僧会がおこなわれるようなことはなかったわけだが、それではその会場《えじょう》とはいったいどこだったのだろうか。そのことが醍醐寺三宝院門跡義演《だいごじさんぼういんもんぜきぎえん》の日記『義演准后日記《ぎえんじゅごうにっき》』文禄五年（一五九六）正月二九日条に記されているので、

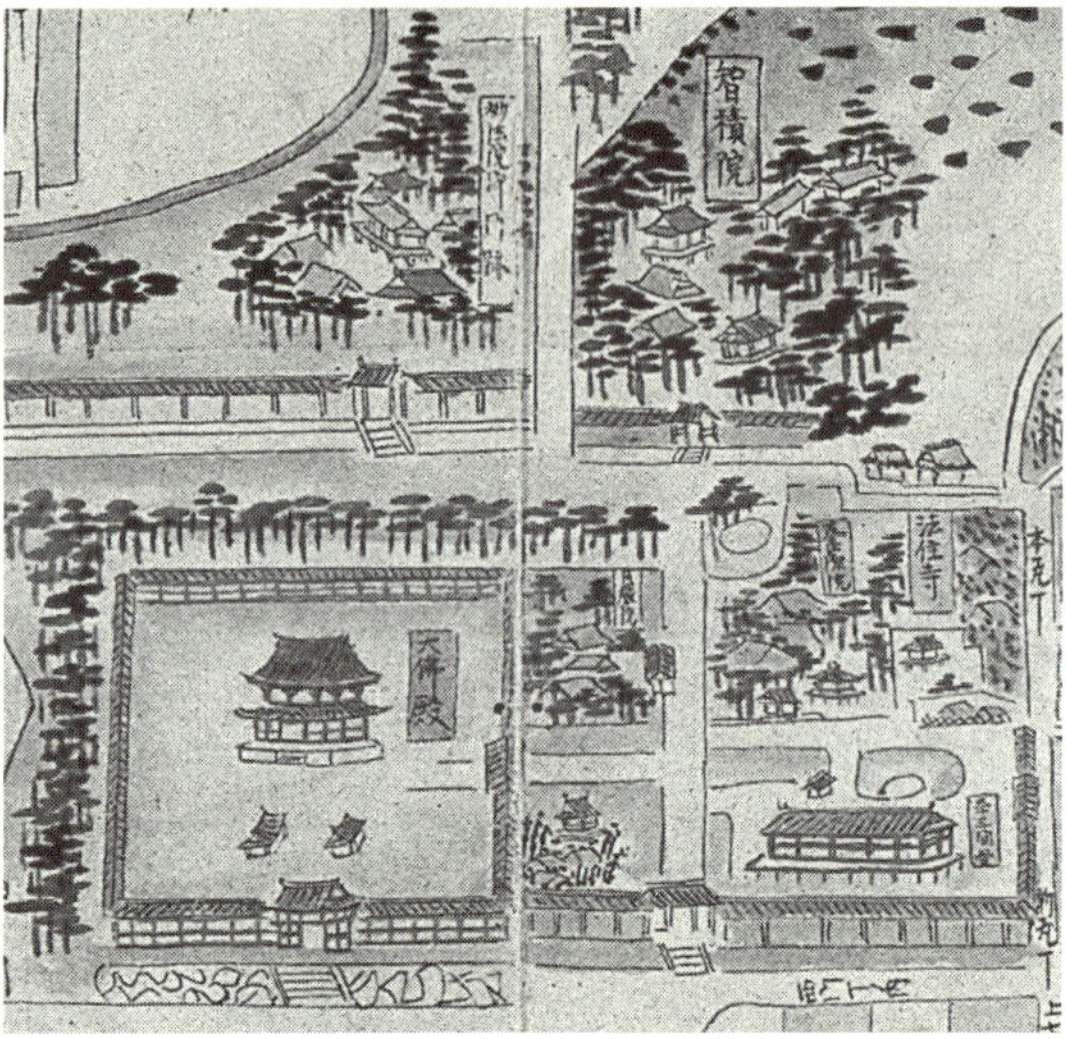

図12　大仏と妙法院（『京都明細大絵図』　京都市歴史資料館蔵）

みてみることにしよう。

会場のこと、大仏殿の東、先年太《たい》閤御《こうご》所《しょ》（秀吉）御建立す、妙法院《みょうほういん》御移徙《おんわたまし》、すなわち妙法院と号す、かの宮《みや》の旧跡《きゅうせき》ゆえなり、東西廿一間《にじゅういっけん》とうんぬん、もってのほか広大殊勝《こうだいしゅしょう》、中央仏壇に本尊尺迦《しゃか》三尊《さんぞん》安置す、

これによって大仏千僧会の「会場」は、大仏殿そのものではなく、その東に秀吉が建立した「東西廿一間」（およそ四〇メートル弱）におよぶ巨大な建物であったことがわかる。また、その「中央仏壇」には本尊として「釈迦三尊」像がおかれていたことがあきらかとなる。

ちなみに、近年の研究(3)によって紹介された史料『法流故実条々秘録《ほうりゅうこじつじょうじょうひろく》』によれば、この建物の南北は一五間ばかり（およそ三〇メートル弱）、本尊の釈迦は座《ざ》像《ぞう》であり、またその後、建物は「南光坊《なんこうぼう》」（有名な南光坊天海《なんこうぼうてんかい》のことだろうか）によって近江国《おうみのくに》の坂本《さかもと》へ移されたという。

いずれにしても千僧会は、文字どおりでいえば一〇〇〇人の僧による法会であるので、それなりの規模の建物が必要であったことがわかるが、その建物自体は、六五頁の『言経《ときつね》卿記《きょうき》』の記事から「大仏経堂」とよばれていたこともわかる。

もっとも、六二頁の『東寺文書《とうじもんじょ》』では、その建物は「大仏妙法院殿」と記されており、一見すると別物のようにもみえる。しかしそうではなく、右の『義演准后日記』から読みとれるように、大仏経堂の建てられた場所が延暦寺《えんりやくじ》の門跡寺院《もんぜきじいん》である妙法院の「旧跡」であり、今回、大仏千僧会がおこなわれるにあたって、妙法院門跡がふたたびこの地に移り、大仏経堂とそこでおこなわれる千僧会の管理をまかされることになったためそうよばれるようになったのだった。

実際、それを裏づけるように大仏経堂は、「大仏の奥妙法院殿経堂《おくみょうほういんどのきょうどう》」（『言経卿記』）ともよばれている。また、それとあわせて注意しておく必要があるのは、この時期の妙法院が「大仏妙法院」とか「大仏妙法院殿」とよばれている点であろう。というのも、豊臣家が滅亡した後、大仏殿は妙法院によって管理されることになるが、この時期はむしろ逆に妙法院のほうが大仏という寺院の一部として位置づけられていたからである。

つまり、大仏千僧会が大仏殿でおこなわれたかのように誤解されてきたのは、会場である大仏経堂のおかれた妙法院が、この時期、大仏という寺院の一部として存在していたことをただしく理解してこなかったためによるものだった。

新儀の八宗の成立

ところで、先にもふれたように千僧会というのは、文字どおりでいえば、一〇〇〇人の僧による法会という意味だが、それでは大仏千僧会でも一〇〇〇人におよぶ僧が集められたのであろうか。

そこで再度、六二頁の『東寺文書』と六五頁の『言経卿記』をみてみると、まず前者で「一宗より百人ずつかの寺へ出仕《しゅっし》」、つまり豊臣政権はひとつの宗派で一〇〇人ずつの僧を出仕させようとしていたことがわかる。したがって、単純に計算すれば、一〇の宗派から一〇〇人ずつ出仕させれば千僧会がなりたつことになる。

ところが、実際は、後者で「八宗《はっしゅう》に仰《おお》せつけらる法事《ほうじ》」とあるように一〇宗ではなく八宗に出仕を命じていた。その八宗が、「真言衆《しんごんしゅう》」（真言宗）「天台宗《てんだいしゅう》」「律僧《りっそう》」（律宗《りっしゅう》、真言律宗）「五山禅宗《ござんぜんしゅう》」「日蓮党《にちれんとう》」（日蓮宗・法華宗《ほっけしゅう》）「浄土宗《じょうどしゅう》」「遊行《ゆぎょう》」（時宗《じしゅう》・時衆）「一向衆《いっこうしゅう》」（一向宗、真宗《しんしゅう》）という八つの宗派である。

なぜ一〇宗でなく、八宗だったのか、その理由は『言経卿記』によれば、「昔《むかし》より八宗、都《みやこ》にこれなき分これあるあいだ、新儀《しんぎ》に」ということであった。

ここで注意しておく必要があるのは、「都にこれなき分これあるあいだ（京都には八宗がそろっていないので）」というときの八宗とは、そのまま顕密仏教《けんみつぶっきょう》（いわゆる旧仏教）を構成する真言宗・天台宗と南都六宗《なんとりくしゅう》（三論宗《さんろんしゅう》・成実宗《じょうじつしゅう》・法相宗《ほっそうしゅう》・倶舎宗《くしゃしゅう》・華厳宗《けごんしゅう》・律宗《りっしゅう》）を意味する点である。

よって、ここでは京都に存在しない南都六宗のかわりに、律宗（真言律宗）・禅宗・法華宗・浄土宗・時宗・真宗といった、いわゆる新仏教（鎌倉新仏教《かまくらしんぶっきょう》）の六宗を出仕させたことになる。

たしかに南都六宗は南都＝奈良に根拠をおいているので、京都には南都六宗の寺院が少ないことはまちがいなかった。しかし、たとえば、京都の清水寺《きよみずでら》などは興福寺一乗院門跡《こうふくじいちじょういんもんぜき》の末寺《まつじ》として法相宗の寺院として知られていたから、「都にこれなき分これある」というのはかならずしもただしくない。

しかも、法華宗僧の日奥《にちおう》が、その著『宗義制法論《しゅうぎせいほうろん》』で「妙法院門跡において千僧供養《せんぞうくよう》のことは、ただ京中《きょうちゅう》の諸寺《しょじ》に課せて他国《たこく》にわたらず」と記していることからすれば、大仏千僧会は当初から京都の諸宗を念頭においたもので、南都六宗はむしろ意図的にはずされた可能性のほうが高いだろう。

その意味では、豊臣政権はこの機会をとらえて、文字どおり「新儀」の八宗を生みだしたことになる。ここでもまた、紫野《むらさきの》に対する「新」紫野、大仏に対する「新」大仏と同様、すでに存在する八宗に対して「新儀」の八宗が創出されたといえよう。

顕密仏教と新仏教

このように、大仏千僧会は千僧会といいながらも実際は八宗、八〇〇人の僧による法会となったが、それではこの八〇〇人の僧が大仏経堂で一堂に会して法会をおこなったのかといえば、そうでもなかった。

というのも、大仏千僧会には多くの聴聞者《ちょうもんしゃ》や見物人がおとずれたが、たとえば、文禄五年（一五九六）二月二五日に聴聞した公家《くげ》の山科言経《やましなときつね》は、「四時分《よつどき》すぎ」（午前一〇時過ぎころ）に大仏経堂に到着したため、「日蓮党・時衆・門跡《もんぜき》（本願寺《ほんがんじ》）の衆」しか聴聞できなかったとその日記『言経卿記』に記しているように、八宗が順番＝次第《しだい》を決めて早朝より一宗ごとに法事をおこなっていたことがあきらかとなるからである。

それでは、その八宗の次第とはどのようにして決められていたのであろうか。実は、現代人の感覚からすればさほど問題にならないようなこの次第が当時としては大問題となった。このことを理解するために、まずはつぎの『義演准后日記《ぎえんじゅごうにっき》』文禄五年正月二九日条をみてみることにしよう。

千僧会次第《しだい》のこと、最初真言宗、第二天台宗、第三律宗、第四禅宗、第五浄土宗、第六日蓮衆、第七自衆《じしゅう》（時衆）、第八一向衆なり、そもそも真言・天台前後、種々《しゅじゅ》訴訟におよぶといえども、道理《どうり》にまかせ、先例《せんれい》により、自宗《じしゅう》（真言宗）最初に相定《あいさだ》めおわんぬ、この千僧会のこと、去年九月廿五《にじゅうご》日《にち》よりはじめて、毎月御執行《しっこう》、施主《せしゅ》太閤《たいこう》秀吉公先祖御菩提《ぼだい》のおんためなり、廿九日と隔月《かくげつ》なり、（中略）浄土宗以下八宗と同日《どうじつ》同請《どうしょう》、当時のていたらく威命《いめい》に応《おう》ずるばかりなり、

右からは、このときの大仏千僧会の次第（順

図13　義演（醍醐寺蔵）

番）が、一番＝真言宗、二番＝天台宗、三番＝律宗、四番＝禅宗、五番＝浄土宗、六番＝法華宗、七番＝時宗、八番＝浄土真宗だったことが読みとれる。しかし、これと六五頁の『言経卿記』をくらべてみると、五番と六番が入れかわるなど若干の違いがあることに気づく。

なぜそのようになったのかというと、右の史料で真言宗と天台宗とのあいだで次第の「前後」（どちらが前か後か）をめぐる訴訟があったと記されていることからもわかるように、大仏千僧会が開始されて以降、各宗が次第をめぐって争いをおこしていたためであった。

この争いのことを座次《ざじ》相論《そうろん》というが、その座次相論をみるうえで注意しなければならないのが、最後にみえる「浄土宗以下八宗と同日同請、当時のていたらく威命に応ずるばかりなり」という一文である。

その意味するところとは、「わが真言宗が浄土宗以下の法華宗・時宗・真宗と同じ日に同じように出仕を要請されるというなさけないありさまに陥っているのは、ただ秀吉の命令に応じざるをえないからだ」というものである。

ここでなぜ三宝院《さんぽういん》門跡《もんぜき》の義演《ぎえん》がこのようなことを書き残しているのか、その理由を理解するには、真言宗など顕密仏教と浄土宗など新仏教のあいだを中世以来へだててきた大きな壁について知る必要がある。

その壁について具体的な説明をすることはかならずしも容易ではないが、比較的わかりやすいポイントとしては、浄土宗・法華宗・時宗・真宗などが鎌倉時代以降に立宗《りっしゅう》された比較的歴史の新しい宗派であったことがあげられよう。

これらの宗派が鎌倉新仏教とよばれる理由がここにあるが、これとかかわってもうひとつのポイントとしては、その立宗が既存の宗派である顕密仏教や、あるいは朝廷《ちょうてい》・幕府《ばくふ》など国家権力からかならずしも歓迎されたわけではなかったこともあげられよう。

というのも、浄土宗の宗祖法然《しゅうそほうねん》や真宗の宗祖親鸞《しんらん》、あるいは法華宗の宗祖日蓮《にちれん》のいずれもが流罪《るざい》になったことでもわかるように、新仏教は常に顕密仏教や国家権力からの弾圧の危機にみまわれつづけたからである。

このように国家権力による弾圧の対象であったという意味では、新仏教は中世の宗教界では異端《いたん》視されていた。それに対して、顕密仏教のほうは、国家権力と対等かつ密接な関係を結んでいたという意味で正統《せいとう》視されており、そのこともあって、中世以来、朝廷や幕府が主催するような国家的な法会や祈禱《きとう》においては独占的な役割をはたしてきた。

このような状況は、戦国時代にいたってもなお基本的にはかわらなかったから、国家的な法会や祈禱に新仏教が参加するようなことはなかった。ところが、大仏千僧会では、これまでみてきたように、新仏教も顕密仏教と同じ日に同じように出仕を要請されており、そのことが醍醐寺の三宝院門跡という顕密仏教の頂点にいた義演のような僧には耐えがたかったのである。

しかも大仏千僧会を豊臣政権自身が「国家の祈禱と同じ」（『妙顕寺文書《みょうけんじもんじょ》』）と位置づけていたため、その思いはなおさらのことであった。しかし、秀吉の命令となれば、それをこばむことももはや義演のような立場ですらできないというのが実状だったのである。

座次相論

このようにしてみると、大仏千僧会を機会に中世の宗教界を形づくってきた秩序は根本的に変化をとげさせられていたことがうかがえる。顕密仏教と新仏教とのあいだの壁はとりはらわれ、新儀の八宗として再編されたうえ、それを毎月おこなう法会という場で多くの人びとの目にもさらされるようになったからである。

しかし、それだからこそ逆に、新儀の八宗のなかでの順番＝次第がわずかに残された序列をあらわすものとして争われることになった。それが座次相論《ざじそうろん》にほかならなかったのである。

この座次相論のなかでもっとも早く、しかもはげしく争ったのが、天台宗と真言宗である。『華頂要略《かちょうようりゃく》』という天台宗側の史料によれば、大仏千僧会がはじめられた文禄四年（一五九五）の段階ですでに「天台・真言千僧供養座次訴訟」のため、「山門《さんもん》ならびに三門《さんもん》跡《ぜき》（妙法院門跡《みょうほういんもんぜき》・青蓮院門跡《しょうれんいんもんぜき》・梶井門跡《かじいもんぜき》）」が使者を所司代《しょしだい》の玄以《げんい》のもとへ送っていたことがわかる。

しかしこの訴訟は、八五頁の『義演准后日記』からも読みとれるように、「真言・天台前後、種々《しゅじゅ》訴訟におよぶといえども、道理にまかせ、先例により、自宗《じしゅう》（真言宗）最初に相定《あいさだ》めおわんぬ」、つまり真言宗のほうが一番と決められた。

これに対しては、天台宗も黙っておらず、すぐに巻きかえしがはかられた。それが、慶《けい》長《ちょう》二年（一五九七）五月二九日に秀吉が大仏千僧会を聴聞《ちょうもん》し、大仏住持である聖護院門《しょうごいんもん》跡道澄《ぜきどうちょう》が導師《どうし》（法会のとき、その儀式を中心になっておこなう僧）をつとめるという、天台宗側にとって願ってもない好機をとらえておこなわれた。

その結果、『義演准后日記』五月二九日条に「訴訟により、一番に天台宗出仕なり、当時の儀、力のおよばざる次第か、よって真言宗はじめて第二番に出仕とうんぬん、もっとも無念なり」とみえるように、天台宗が一番、真言宗が二番とされる。

こうなると、真言宗も訴訟にうって出るほかはなかったが、結論からいえば、この座次は天台宗の主張にそって導師の戒﨟《かいろう》（僧の得度《とくど》年次）次第となり、慶長二〇年（一六一五）

に大仏千僧会が停止されるまで固定されることはなかった。義演の属する真言宗がいつも一番というわけにはゆかなくなったのである。

ところで、このような座次相論は天台宗と真言宗とのあいだだけの問題ではもちろんなかった。先にもふれたように文禄四年九月のときには、五番法華宗、六番浄土宗であったものが、表3（六七頁）をみるとその年のうちに逆転していることが読みとれるからである。

もっとも、その事情についてははっきりとしたことはわからないが、法華宗僧の日奥《にちおう》がその著『宗義制法論《しゅうぎせいほうろん》』で「結句《けっく》、浄土宗に難《なん》ぜられて第六番にくだる」と書いているので、おそらく浄土宗側から訴訟がおこされた結果だったのだろう。

ちなみに、妙法院に残される文禄四年一〇月二四日付の史料（『妙法院史料《みょうほういんしりょう》』）ではすでに「浄土宗」「法花衆《ほっけしゅう》」という次第になっているので、こちらの訴訟も大仏千僧会がはじまってまもなくおこされたと考えられる。

法華宗と浄土宗といえば、中世では『宗論《しゅうろん》』という狂言《きょうげん》や、また信長の時代におこった安土宗論《あづちしゅうろん》などでも有名なように敵対する宗派として知られている。したがって、この両者のあいだで座次相論がおこらないほうがむしろ不自然だった。

なお、ここで注意しておく必要があるのは、座次相論とはいっても、その争いは、新儀の八宗のすべてが、たとえば一番をめざすというような種類のものではなかった点である。あくまでそれは顕密仏教である天台宗と真言宗とのあいだとか、あるいは新仏教のなかでも宗論をくり返してきた法華宗と浄土宗とのあいだというように、ある程度範囲のかぎられたものだった。

新儀の八宗の同列化

このように新儀の八宗にとって大仏千僧会における次第、あるいは座次というのは大問題だった。ところが、それも慶長四年（一五九九）五月を境に一変することになる。というのも、つぎの史料にあきらかなように、大仏千僧会のやりかた自体がこのときに大きく変更されることになったからである。

大仏千僧会、一ヶ月一宗ずつに減《げん》ぜらるとうんぬん、東寺より触《ふ》れ来《き》たりおわんぬ、

五月　天台一宗　　六月　八宗　　七月　真言一宗

八月　律一宗　　九月　禅僧一宗　　十月　浄土一衆

十一月　日蓮一衆　　十二月　遊行一衆　　正月　本願寺一衆

已上《いじょう》

四月廿五《にじゅうご》日正《しょう》（祥）月《つき》、八宗ことごとく出仕、
六月廿九日正（祥）月、八宗ことごとく出仕、

これは『義演准后日記』五月二四日条の記事であるが、ここからこの年の五月より、秀吉の祖父母の祥月命日である四月二五日と六月二九日以外は八宗がそろって出仕するこれまでのやりかたをやめて、一月《ひとつき》ごとに各宗が分担して大仏千僧会をおこなう月番制《つきばんせい》へと変更されたことが読みとれる。

このときになぜ急に右のような変更がなされたのか、その理由はさだかではないが（前年に秀吉が亡くなったことが関係するだろうが）、これによって月ごととはいえ浄土宗など新仏教諸宗派もまた一宗として天台宗や真言宗と同様に法会を主催することになった。

それは同時に、これまでみられた一日における八宗の次第という縦の序列が一年にわたる横の序列へと転換されたことも意味した。つまり、今回の変更によって新儀の八宗は事実上同列となり、かろうじて残されていた序列もほとんど意味を失うこととなったのである。

今回のことに対しても義演は、「末世《まっせ》末法《まっぽう》あさましき次第なり」（『義演准后日記』）と大きな衝撃をうけているが、事態はもはやかわりようもなく、この後、大仏千僧会が中止さ

れるまでおよそ一五年にわたってこのやりかたがつづけられることになる。

大仏千僧会が中止された後、つまり江戸時代の宗教界の秩序というのは、中世までとは大きく異なり、宗派間にあった壁は解消され、各宗は「相互に対等でしかも自立的に分立し」てゆくことになる。(4)

このことからもわかるように大仏千僧会とは、まさに江戸時代の宗教界の秩序をつくりだす出発点になった。先に大仏千僧会は、大仏殿や大仏の存在よりも重要な歴史的な意義をもつことになるとのべたが、それは以上のような意味においてであったのである。

千僧供養、斎会

さて、先にもふれたように大仏千僧会は「千僧供養《せんぞうくよう》」とも「斎会《さいえ》」ともよばれたが、それは法会をおこなった僧たちに斎《とき》（僧に食事を出すこと）をすることも重要な役割としてあったからである。

実はこの斎にかかわる史料（『妙法院史料《みょうほういんしりょう》』）も残されており、それによれば、僧一人に対して、「一、本膳《ほんぜん》　牛蒡《ごぼう》　こんにゃく　汁あつめ　煎《い》り麸《ふ》　煎り昆布《こんぶ》　荒布《あらめ》　飯《めし》」と「一、小汁《こじる》　冷《ひ》や汁　一、御菓子　一、中酒《ちゅうざけ》　一返《いっぺん》」という食事が出されたことがわかる。

また、その費用として、米に換算して一人分が五升七合七夕《しょうごうせき》、それが八〇〇人で四六石《こく》一斗《と》六升となり、それに諸費用を合わせて年間に七九九石四斗四升の米が必要であったという試算も残されている。

おおよそでいえば、僧一人に対して年間米一石が必要だったことになるが、これらの費用をまかなうため豊臣政権は慶長《けいちょう》元年（一五九六）一〇月一日に妙法院に対して「毎月千僧供養法事料《ほうじりょう》として」一六〇〇石におよぶ知行《ちぎょう》を寄附《きふ》している。

妙法院が大仏千僧会の会場であると同時に、斎の場所でもあったことがここからもあきらかとなるが、ただそのいっぽうで、妙法院には「布施米請取状《ふせまいうけとりじょう》」という史料も多数残されている。どうやらある時期より斎のかわりに布施米《ふせまい》が支給されるようになり、僧たちはそれをうけとるようになったのだろう。

また、一宗で一〇〇人ずつ出仕するのが原則ではあったが、実際に一〇〇人を集めることは容易ではなく、「名代《みょうだい》」（代理）や「雇《やとい》」というのもめずらしくなかったようである。大仏千僧会は、およそ二〇年のながきにわたってほぼ毎月つづけられることになるが、このようにあまりにも長い期間おこなわれつづけたため、おのずと緊張感も薄れてゆかざるをえなかったのであろう。

大仏出仕人数帳

ところで、各宗はおのおのどのようにして一〇〇人におよぶ僧を集めていたのだろうか。
ここでは、比較的史料の残されている法華宗《ほっけしゅう》（日蓮宗）を例にみてゆくことにしよう。

大仏出仕人数帳《だいぶつしゅっしにんずうちょう》

本国寺《ほんこくじ》	廿《にじゅう》人
本能寺《ほんのうじ》	十人
妙満寺《みょうまんじ》	五人
要法寺《ようぼうじ》	六人
妙伝寺《みょうでんじ》	四人
寂光寺《じゃっこうじ》	一人
妙泉寺《みょうせんじ》	一人
頂妙寺《ちょうみょうじ》	四人
本禅寺《ほんぜんじ》	一人
立本寺《りゅうほんじ》	八人
本満寺《ほんまんじ》	四人
妙覚寺《みょうかくじ》	十一人

妙顕寺《みょうけんじ》　十二人
本法寺《ほんぽうじ》　六人
妙蓮寺《みょうれんじ》　六人
本隆寺《ほんりゅうじ》　二人

これは『大仏出仕人数帳』（『京都十六本山会合用書類《きょうとじゅうろくほんざんかいごうようしょるい》』）という、文字どおり大仏千僧会に出仕する法華宗僧の人数を書き上げた帳簿《ちょうぼ》の一節である。帳簿自体が作成されたのは慶長二年（一五九七）のようだが、その内容は前年の文禄《ぶんろく》五年（慶長元年、一五九六）のときのことが記されている。

これによって、法華宗では一〇〇人の僧をすべて京都の本山寺《ほんざんじ》院《いん》で分担していたことがわかる。ただし、右に書き上げられた人数を足し算すると不思議なことに一〇一人となる。また、各寺院によって分担する僧の数に差があるが、その理由についてもこれだけではわからない。

ただ、『大仏出仕人数帳』のほかのところをみてみると、若干の増減はあるものの各寺院の分担がほぼ一定しているので、僧数の差はおそらく寺院の規模によるものだったのだろう。

このように、法華宗では一〇〇人の僧を集めるのに複数の寺院が分担するという方法をとっていたことがわかるが、実はほかの宗派でも同じような方法をとっていた。たとえば、六五頁の『言経卿記《ときつねきょうき》』をみてみると、真言宗《しんごんしゅう》でも「東寺《とうじ》」「醍醐寺《だいごじ》」「高山寺《こうざんじ》」といった複数の寺院名がみえるし、また天台宗《てんだいしゅう》でも「三井寺《みいでら》三十人を加《くわ》う」とあるように、延暦寺僧《えんりゃくじそう》だけでは足りなかったのだろう。三井寺（園城寺《おんじょうじ》）から三〇人の僧が加わっていたことがあきらかとなるからである。

ここで目をひくのは、延暦寺僧と園城寺僧がいっしょになっている点で、中世ではきびしく対立をくり返してきた山門派《さんもんは》（延暦寺）と寺門派《じもんは》（園城寺）も大仏千僧会ではひとつの宗派としてくくられていたことが読みとれる。

寺院よりも宗派のほうが優先されるようになっていたことがここからもあきらかとなるが、それとともに、顕密仏教においても、この時期にはひとつの寺院で一〇〇人の僧を集めることが相当むずかしくなっていたこともうかがえよう。

末寺への転嫁

ところで、法華宗では翌慶長二年（一五九七）になると一〇〇人を集めるのにつぎのような方法をとるようになっていたことが知られる。

九月分出仕の人数

本能寺　十六人
立本寺　七人
要法寺　六人
妙満寺　四人
本法寺　壱人《ひとり》
妙顕寺　七人
妙伝寺　三人
本満寺　三人
寂光寺　一人
妙泉寺　一人
堺衆《さかいしゅう》　廿九人《にじゅうく》
大坂衆《おおさかしゅう》　十一人

慶長二年九月廿二日

これは慶長二年の九月の大仏千僧会に出仕する法華宗僧の人数を書き上げたもの（『京都十六本山会合用書類』）だが、先の『大仏出仕人数帳』とくらべてみても、「堺衆　廿九人」「大坂衆　十一人」といった、これまでにはなかった分類の僧たちが加わっていることが読みとれる。

堺というのは中世都市として有名な堺のこと、また大坂とは大坂城《おおさかじょう》の築城によってつくられた城下町《じょうかまち》のことであり、「堺衆」「大坂衆」とはそれらに所在した法華宗の末寺の僧衆を意味する。つまり、法華宗では、京都の本山寺院ではまかないきれなくなった僧数を堺と大坂の末寺へ転嫁させるという方法をとりはじめていたことがあきらかとなる。

このうち、全体からみても圧倒的な数にあたる二九人を負担させられたのが堺の末寺である。このように堺の末寺が多数の負担をしいられたのは、堺が京都とならんで畿内近国《きないきんごく》では法華宗の拠点として多数の寺院が林立《りんりつ》していたこともさることながら、実はそれ以上に、かなり強烈に京都の本山寺院から圧力をかけられていたこともその背景にあった。

というのも、堺の末寺はこのときの大仏千僧会の出仕にかかわって、つぎのような起請《きしょう》文《もん》（誓約状《せいやくじょう》）（『京都十六本山会合用書類』）を京都の本山寺院に対して提出させられていたことが知られるからである。

一、今度上意《じょうい》により妙法院殿出仕《みょうほういんどのしゅっし》の儀、堺南北《さかいなんぼく》の諸寺一同に御請《う》け申すこと、

諸寺《しょじ》誓状連判《せいじょうれんぱん》のこと

（中略）

一、出仕のとり沙汰《ざた》につき、逐電《ちくでん》の輩《ともがら》、自今已後《じこんいご》南北の出入《でい》り、羅斎已下《らさいいか》内外とも、
参会《さんかい》せしむべからざること、

つけたり、南北の檀那《だんな》のなかに万一許容《まんいちきょよう》あるにおいては、諸寺一同に公儀《こうぎ》を経《へ》、
達《たつ》し存《ぞん》ずべくそうろうこと、

前半部からは、「堺南北の諸寺」が一同に「妙法院殿出仕」＝大仏千僧会への出仕を承諾していたことが読みとれるが、それよりも気になるのが後半部である。というのも、ここからは、大仏千僧会への出仕にかかわって「逐電」（すがたをくらますこと）したものがいたこと、そしてそのようなものを「南北」＝堺の諸寺院へ出入りさせたり、檀那がうけいれたりしないよう誓約までさせられていたことが読みとれるからである。

どうやら法華宗では、大仏千僧会へ出仕することに反対するものたちがいたようで、実際、「堺南庄観乗坊《さかいみなみのしょうかんじょうぼう》」という僧などは「大仏出仕不参《ふさん》の儀《ぎ》」によってその身を追放されている（『京都十六本山会合用書類』）。

また、そのようなものたちが、「辺土《へんど》遠国《おんごく》をまわり、宗門中《しゅうもんちゅう》大仏出仕のものをそしり、諸檀那をまねきとり、諸末寺のものに申し含め、ことごとく本寺をそむかせ、一人も参らざるようにしなし」たため、「京・堺にも大檀那などもかのものに力を合わせわめきまわりそうらいて、諸寺を悪口《あっこう》つかまつり」「京都諸本寺、いずれも檀那・末寺を奪いとられそうろうにより、たちまちに衰微《すいび》におよぶ」（『本能寺《ほんのうじ》文書《もんじょ》』）ありさまになっていたという。

したがって、法華宗の場合、一〇〇人の僧のなかに堺や大坂の末寺の僧を加えるようになったのは、ただ単に数合わせのためというよりむしろ、京都の本山寺院の危機感に裏うちされた動きだったと考えられよう。

そして、そのように大仏千僧会への出仕にまっ向から反論し、京都の本山寺院に危機感をいだかせた中心人物こそ、法華宗不受不施派《ふじゅふせは》の祖として知られる日奥《にちおう》という僧だった。

大仏千僧会と日奥

それでは、日奥はどのような理由で大仏千僧会の出仕に反論したのだろうか。その経緯が、元和《げんな》二年（一六一六）三月に日奥が著《あらわ》した『宗義制法論《しゅうぎせいほうろん》』に記されているので、みてみることにしよう。

それによれば、まず六二頁と同じ文面の所司代《しょしだい》玄以《げんい》の書状《しょじょう》が法華宗へやって来たのが九

図14　日奥（東京大学史料編纂所蔵）

月一二日だったこと、またこれへの対応をめぐって京都の本山寺院の各住持が本国寺《ほんこくじ》に集まって会合《かいごう》をもったことがわかる。

このころ、京都の法華宗本山寺院一六ヶ寺（本禅寺《ほんぜんじ》・本法寺《ほんぽうじ》・妙顕寺《みょうけんじ》・妙蓮寺《みょうれんじ》・本隆寺《ほんりゅうじ》・立本寺《りゅうほんじ》・本国寺・本能寺《ほんのうじ》・妙満寺《みょうまんじ》・頂妙寺《ちょうみょうじ》・要法寺《ようぼうじ》・寂光寺《じゃっこうじ》・妙泉寺《みょうせんじ》・妙伝寺《みょうでんじ》・本満寺《ほんまんじ》・妙覚寺《みょうかくじ》）では、戦国時代末期の永禄《えいろく》八年（一五六五）以来、会合とよばれる組織をつくって重要なことがらを衆議《しゅうぎ》で決めていた。

このときに会合がもたれたのもそのためだったが、その会場（会本《かいほん》という）となったのが本国寺だった。

妙覚寺の住持をつとめていた日奥はこの会合には若干遅れたようだが、彼が本国寺にたどりついたときには衆議はつぎのように決まりつつあった。

今度の大仏出仕、一宗不祥《ふしょう》の義なりといえども、今、国主《こくしゅ》（秀吉）機《き》嫌《げん》悪《あ》しき時分、ひとえに制法《せいほう》の趣《おもむき》をのべて出仕をとげずんば、諸寺破却《はきやく》におよぶ義も出来《しゅったい》せしめんか、しかるあいだ、ただ一度、貴命《きめい》に応じてかの出仕をとげ、すなわち翌日より公儀《こうぎ》をへて宗旨《しゅうし》の制法を立つべきに議定《ぎじょう》せしめおわんぬ、

すなわち、宗祖《しゅうそ》日蓮以来の「制法」は重要ではあるけれども、大仏千僧会への出仕を拒否すれば諸寺が破却されてしまうかもしれず、したがってただ一度だけ「国主」（秀吉）の命令に応じて出仕し、翌日から「制法」を守ればよい、と。

この衆議は方便《ほうべん》といえばいえなくもない。ただ、法華宗にかぎらず諸宗にとってその存亡のかかった戦国時代というきびしい時代を乗りきることができたのもまた、このような会合の現実路線にあったことを考えると苦渋の選択であったといえよう。

しかし、それに対して日奥はつぎのように反論した。

衆議もっとももしかるべしといえども、愚意《ぐい》はしからず、それ公儀の重きことは、いずれのときも同じなるべし、しかるに今、しいて制法の趣、上表《じょうひょう》におよばず、祖師《そし》のときよりかたく立て来たる制法を一度もこれを破らば、永代宗義《えいたいしゅうぎ》は立つべからず、

会合の衆議はもっともではあるけれども、「愚意」＝わたくし日奥の意見はそうではない。なぜなら、「公儀」＝世俗の権力者への対応が重要であるのはいつの時代でも同じであって今にはじまったわけではない。また、もし一度でも宗祖日蓮以来の「制法」を破ってしまったならば、永遠にとりかえしのつかないことになるからだ。

ここからもわかるように、会合と日奥とのあいだで意見が対立していたのはただ一点、宗祖日蓮以来の「制法」を守るかどうかにあった。

不受不施制法

それでは、その「制法」とはどのようなものだったのだろうか。それが不受不施《ふじゅふせ》制法とよばれるもので、「不受」とは、謗法《ほうぼう》（他宗）からの布施《ふせ》や供養を法華宗僧は「受《う》」けないこと、そして「不施」とは、他宗の僧や寺院に法華宗信者は布施や供養を「施《ほどこ》」さないということであった。

みずからの宗派に信仰をよせないものとは関係をもたないという考えかた自体は、それほど理解するのがむずかしいわけではない。しかし、それを実践に移そうとするとたちまち困難がともなう。

実際、法華宗でも、「時代により地域により、また宗内の各門流《もんりゅう》によって、謗法供養の受・不受の可否はなお多くの論争があり、問題の存するところであった」[5]という。したがって、会合の衆議と日奥の反論というのは、どちらがただしく、またどちらがあやまりであるかというのはすぐに判断できることではなかった。しかし、結局のところ、会合の大勢は、衆議のとおり「ただひとたび上意に応じて供養を受け、おわってつぎの日より先《せん》規《き》のごとく宗義を立つべし」と出仕することに決する。

これをうけ日奥は妙覚寺を退出し、丹波国《たんばのくに》の小泉《こいずみ》に蟄居《ちっきょ》する。しかしその姿勢をかえたわけではけっしてなく、それればかりか、先にもみたように堺や大坂の末寺《まつじ》や檀那《だんな》のなかにはこの日奥に同調する動きもみられた。そのこともあって、会合＝京都の本山寺院はその対応に追われざるをえなくなったのである。

大仏千僧会がもたらした影響

このように法華宗では、大仏千僧会の出仕をめぐって、会合（後に受不施派《じゅふぜは》とよばれる）と日奥（後に不受不施派《ふじゅふぜは》とよばれる）とのあいだできびしい対立がおこったが、おそらくほかの宗派でも程度の差こそあれ、同じようなことはおこっていたにちがいない。

ただ法華宗の場合、この対立が宗派全体をゆるがすような大問題へと発展していった点に特徴がみられる。というのも、この両者の対立はその後もつづき、秀吉の亡くなった翌慶長四年（一五九九）一一月には大坂城内で徳川家康の面前で問答《もんどう》（大坂対論《おおさかたいろん》という）がおこなわれ、その結果、日奥が対馬《つしま》へ流罪に処されるからである（『鹿苑日録《ろくおんにちろく》』）。

このとき、家康は日奥にむかって、「ただ一度の出仕をつとむべし、このうえにおいてなお同心《どうしん》せしめずば、天下御政道《てんかごせいどう》の手はじめ、万人《ばんにん》見せしめのために厳重の御成敗《ごせいはい》あるべし」（『御難記《ごなんき》』）とのべたというが、ここからは、もはや秀吉の先祖を供養することや「制法」を厳守するということよりむしろ、豊臣政権という権力の命令にしたがうかどうかに問題の焦点が移っていたことがうかがえよう。

このように、大仏千僧会に出仕するかしないかという問題は、実は宗派として豊臣政権とどのような関係をたもつのか、あるいは豊臣政権が創出した新儀の八宗という新たな秩序をどうういれるのかといったことをせまるものでもあった。

日奥が会合の衆議に反論したのもおそらくこのような点を敏感に感じとっていたからにちがいない。そして、その点にかかわって注目されるのが、会合の共有文書として知られる『京都十六本山会合用書類《きようとじゆうろくほんざんかいごうようしよるい》』のなかに「大仏妙法院殿出仕の義《だいぶつみようほういんどの》について、諍論《じようろん》これあるといえども、東照権現様《とうしようごんげんさま》（徳川家康）大坂において御裁許《ごさいきよ》、京都諸寺かつてもって異義《いぎ》これなくそうろう」と書かれた誓約状《せいやくじよう》が寛永《かんえい》六年（一六二九）から延宝《えんぽう》八年（一六八〇）にかけて数十通も残されているという事実であろう。

寛永や延宝といえば、すでに江戸時代も前期に入り、大仏千僧会も過去の存在となっていたはずである。にもかかわらず、そのような時期にいたってもなお、法華宗は大仏千僧会の存在を意識させせつづけられたということがこの誓約状の存在によってあきらかとなるからである。

なぜそのような事態にまでいたったのかというと、それは、寛永七年（一六三〇）に江《え》戸城《どじょう》内でおこなわれた身池対論《しんちたいろん》（受不施《じゅふせ》を主張する身延久遠寺《みのぶくおんじ》と不受不施を主張する池上本門寺《いけがみほんもんじ》との問答）をへたうえ、寛文《かんぶん》の惣滅《そうめつ》とよばれるはげしい弾圧によって、日奥を祖とする不受不施派が禁制《きんせい》された宗門《しゅうもん》となっていたからであった。

図15　玄以（東京大学史料編纂所所蔵模写）

つまり、法華宗では大仏千僧会を境にキリスト教とならぶ禁制宗門をうみ出す結果となっていたのである。

ところで、そのキリスト教と大仏千僧会との関係についても興味深い事実が知られている。というのも、所司代《しょしだい》玄以《げんい》の息子前田《まえだ》茂勝《しげかつ》の家来でソウタンという人物が玄以をキリシタンにするため、つぎのような質問を浴びせたことが宣教師《せんきょうし》ルイス・フロイスの書簡《しょかん》（『一五九六年度年報』）から読みとれるからである。

毎月太閤様の命令によって、なんじは新しい大仏の寺院に彼の母親の霊を弔《とむら》うために、八百人の仏僧たちが集まるように命じている。それゆえこの勤行《ごんぎょう》をつとめるために、あらゆる宗派から犠牲をささげる祭司《さいし》たちが集まっている。私が知りたいのは、彼らは自分たちのそれぞれの儀式にしたがっているのに、なぜキリシタンの指導者である伴天連様《ばてれんさま》らをよばぬのですか。

これに対する玄以のこたえは明確であった。

伴天連方《ばてれんがた》の法《ほう》は日本の諸宗派とは非常に異なっていて、キリシタンたちにはその法によって、仏僧《ぶっそう》たちのとは何ら一致したるものをもっていないからである。

日奥の場合とは異なり、キリスト教のほうは豊臣政権が出仕をもとめなかったわけだが、しかし諸宗派と一致しないという点では両者は共通している。それはまた、キリスト教と不受不施派という両宗派だけが、この後江戸幕府によって禁制されてゆくという事実とも符合するものといえよう。

ここからは、大仏千僧会が豊臣・徳川という政権の枠をこえて統一権力の宗教政策として重要な位置づけがなされていったことが知られるが、もちろん秀吉が当初よりこのようなことまでを想定して大仏千僧会をはじめたのかどうかはわからない。

ただしかし、大仏経堂において約二十年にわたりほぼ毎月おこなわれつづけた法会がもたらした影響というのは、新儀の八宗のみならず、あらゆる宗派にとってきわめて深刻なものになっていったことだけはまちがいないといえよう。

註

（1）本章でみる大仏千僧会については、河内将芳『中世京都の民衆と社会』（思文閣出版、二〇〇〇年）、同『中世京都の都市と宗教』（同、二〇〇六年）参照。
（2）北島万次『豊臣政権の対外認識と朝鮮侵略』（校倉書房、一九九〇年）。
（3）安藤弥「京都東山大仏千僧会と一向宗――戦国期宗教勢力の帰結――」（『大谷大学史学論究』一一号、二〇〇五年）。
（4）黒田俊雄『日本中世の国家と宗教』（岩波書店、一九七五年）。
（5）藤井学『法華衆と町衆』（法藏館、二〇〇三年）。

第三章　善光寺如来の遷座

1　大地震と夢語り

大仏供養会の予定

文禄《ぶんろく》五年（一五九六）七月晦日《みそか》、醍醐寺三宝院門跡《だいごじさんぼういんもんぜき》の義演《ぎえん》のもとへ木食応其《もくじきおうご》（興山上人《こうざんしょうにん》）から「大仏供養《だいぶつくよう》」の日程が決まったとの一報がとどいた（『義演准后日記《ぎえんじゅごうにっき》』）。また翌閏七月五日には、その日程が「来る八月十八日」であるとの「内々の触状《ふれじょう》」も到来している（『義演准后日記』）。

いよいよ大仏殿・大仏の完成を祝う大仏供養会《だいぶつくようえ》がおこなわれようとしていたことがうかがえるが、そのようななか、義演の関心事はここでもまた大仏千僧会のときと同様、顕密《けんみつ》仏教《ぶっきょう》（天台宗・真言宗と南都六宗《なんとりくしゅう》）内での序列や法会における役割にあった。

というのも、「内々の触状」が到来するやいなや義演は木食応其のもとへ使者をつかわし、「供養の儀」をたずねさせたうえ、「天台開眼《てんだいかいげん》・法相導師《ほっそうどうし》・真言呪願《しんごんじゅがん》、この分に相定《あいさだ》む」（『義演准后日記』）という情報を手に入れていたからである。

「天台開眼・法相導師、真言呪願」とは、天台宗が大仏に目を入れる開眼師《かいげんし》をつとめ、法相宗が法会を主催する導師《どうし》、そして真言宗が法語《ほうご》をとなえ施主《せしゅ》の幸福を祈願する呪願師《じゅがんし》をつとめるという意味である。当然のこと、ここに新仏教の僧たちが登場する余地はない。ここからも先にみた大仏千僧会が、当時としてもいかに異例な法会であったかが知られよう。

ところで、今回の法会では、その大仏千僧会に出仕していない南都六宗のひとつ、法相宗も加わる予定であったことがわかるが、その理由は、今回の法会が「建久《けんきゅう》六年三月十二日東大寺大仏供養」に先例をもとめていたためであった。

なぜここで、鎌倉時代の建久六年（一一九五）の法会が先例とされたのか、それについて義演は、「（源）頼朝卿《みなもとのよりともきょう》建立以来、文治《ぶんち》元（一一八五年）・建久六・建仁《けんにん》三（一二〇三年）、供養両三度《りょうさんど》におよぶといえども、当時世上《せじょう》に流布《るふ》の縁起《えんぎ》は、建久六年のとき」（『義演准后日記』）と説明している。

「当時世上に流布の縁起」（現在もっとも知られている縁起）という以上のことは、この義演の説明でもよくわからないが、いずれにしても大仏供養会の準備は八月一八日にむかって着々とすすめられることになった。

大地震と大仏大破

ところが、それから一〇日もたたないうちに「来月供養延引《えんいん》すべきのよし風聞《ふうぶん》」（『義演准后日記』）と、大仏供養会の延期のうわさがながれる。義演にとっては気が気でないうわさであっただろうが、それに追いうちをかけるような大事件もその日（閏七月一二日）の深夜、翌一三日の未明にかけて京都をおそう。

十三日、はれ、今夜丑《うし》の剋《こく》、大地震、禁中御車寄《きんちゆうおんくるまよせ》その廊顚倒《ろうてんとう》す、南庭《なんてい》上に御座《ござ》を敷き、主上《しゆじよう》（後陽成天皇《ごようぜいてんのう》）行幸《ぎようこう》すとうんぬん、京都の在家《ざいけ》顚倒す、死人その数を知らず、鳥部野《とりべの》の煙たえず、

これも『義演准后日記』の記事であるが、かつて東大寺大仏殿が炎上したのと同じ時刻、「丑の剋」（午前二時ころ）に大地震が京都をみまった。京都のなかでも比較的安定した地盤の上にあるとされる「禁中」（皇居）でさえ無事ではなく、後陽成天皇も「南庭」（紫宸殿《ししんでん》の南の庭）に避難したというから、「在家」（町屋《まちや》）など一般の建物はひとたまりもな

かったであろう。多くの人びとが建物の下敷きとなり、その死者を火葬する東山の「鳥部野の煙」もたえることがなかったという。

最後の「鳥部野の煙」というのは一種の慣用句であるが、この鳥部野の一角にあった大仏殿や大仏も当然無傷ではいられなかった。

大仏のこと、堂《どう》（大仏殿）は無為《むい》、奇妙奇妙、本尊（大仏）は大破、左の御手崩れ落ちおわんぬ、御胸崩れ、そのほかところどころに響《ひび》これあり、後光《ごこう》はいささかも損《そん》ぜす、中門は無為、ただし四方の角柱《すみはしら》少々割《さ》くる、そのほか異儀《いぎ》なし、三方の築地《ついじ》ごとく崩れ、あるいは顚倒す、妙法院門跡《みょうほういんもんぜき》廊顚倒す、照高院《しょうこういん》台所少々損ず、大仏供養延引す、寸善尺魔《すんぜんしゃくま》か、

これもまた『義演准后日記』の記事だが、義演がいうとおり奇妙なことに、「堂」（大仏殿）は無事だったにもかかわらず、「本尊」（大仏）のほうは「大破」した。左手は落ち、胸も崩れたうえ、全身にもひびが入ったからである。ただし、「後光」（光背《こうはい》）はまったく無傷だったという。

いっぽう、建物のほうは大仏殿の「三方の築地」が倒れたものの、大仏殿も「中門」も、

また「妙法院」や「照高院」（聖護院門跡道澄《しょうごいんもんぜきどうちょう》は大仏住持《だいぶつじゅうじ》就任後、このようによばれていた。またその居所も同様によばれていた。）にもそれほど大きな被害がなかった。

「日本六十余州《ろくじゅうよしゅう》（日本全国）の山木《さんぼく》」（『義演准后日記』）を集めて建てられた大仏殿がびくともしなかったのはさすがといえるが、そのほかの建物にもそれほど被害がなかったなか大仏だけがなぜ大破したのか、一般にいわれているように漆喰《しっくい》でつくられていたためだったかどうかはわからない。先にもふれたように、大仏の構造自体がよくわからないからである。

しかしいずれにしても、大仏が大破してしまった以上、「大仏供養（会）」が「延引」（延期）されるのはしかたがなかった。呪願師をつとめることを夢みていた義演にとっては、文字どおり「寸善尺魔」（よいことが少しぐらいあっても、かならず悪いことがおこって邪魔すること）のことだっただろう。

ちなみに、大仏経堂《だいぶつきょうどう》も無傷だったようで、大地震からわずか一〇日余り後の閏七月二五日にはなにごともなかったかのように大仏千僧会がおこなわれている（『言経卿記《ときつねきょうき》』）。

このことからも、大仏千僧会が大仏殿でおこなわれていなかったことはあきらかといえる。ただし、「もってのほか自宗《じしゅう》（真言宗）無人とうんぬん、四十余人とうんぬん」（『義演准后日記』）とあるように、混乱のさなかということもあって真言宗でも一〇〇人を集めることはできなかった。

仏力柔弱

ところで、大破してしまった大仏は、『義演准后日記』八月二日条によれば、「畳《たたみ》の面《おもて》（表）をもってこれを裹《つつ》むとうんぬん、修覆《しゅうふく》のあいだ、見苦《みぐる》しきゆえか」とあり、見苦しさをかくすため畳表《たたみおもて》でつつまれたという。

大地震から半月余りたってもなお無惨なすがたをさらす大仏がそこにはあったが、義演が記すように、それが修復されるかどうかはさだかではなかった。実際、年があけて慶長二年（一五九七）五月ころになると、事態は大きく変化をみせるようになるからである。

本尊御覧《ごらん》、早々《そうそう》崩しかえのよし仰《おお》すとうんぬん、

これは、大仏千僧会を聴聞するついでに大仏殿をおとずれ、「本尊」（大仏）のすがたをまのあたりにした秀吉が語ったことばであるが（『義演准后日記』）、「早々崩しかえ」（すぐに壊してしまえ）というこの一言で大仏の運命は決まったといえよう。

ちなみに、この印象的なことばはかなり流布《るふ》したようで、宣教師《せんきょうし》ペドゥロ・ゴーメスの

書簡《しょかん》（『十六・七世紀イエズス会日本報告集』）にもつぎのように記されている。

太閤様《たいこうさま》（秀吉）は死去の前にその姿を見て非常にいきどおり、それを粉々になるまで砕いてしまうよう命じて、こういった。もし地震のときに自分自身も助けることができなかったのなら、ほかのひとびとの役に立てるはずがなかった、と。


右のうち、前半部が『義演准后日記』に記されているものと同じであるが、それにつづく後半部は『義演准后日記』には記されていない。しかし、この後半部も実はかなり流布していたようで、『義演准后日記』以外の記録ではこれを見いだすことができる。

たとえば、『当代記《とうだいき》』慶長二年条には「かようにわが身を保《たも》てえざる仏体《ぶったい》なれば、衆生《しゅじょ》済度《さいど》はなかなか思いもよらず」とみえ、また『鹿苑日録《ろくおんにちろく》』慶長二年七月一七日条にも「仏《ぶつり》力《よく》柔弱《じゅうじゃく》をなげく」とみえるようにである。

みずからが建立した大仏に「衆生済度」（人びとの悩みをすくい、悟《さと》りを得させる）をさせようと秀吉が考えていたのかどうかはわからないが、びくともしなかった大仏殿とくらべて無惨なすがたとなった大仏をまのあたりにして、思いのほかの「仏力柔弱」（仏の力の弱さ）を実感したのはあるいは真実だったのかもしれない。

夢語り

ただし、そのことと同時に注意しておかねばならないのは、この話にはつづきがあるという点である。というのも、『当代記』には、このつづきに「善光寺《ぜんこうじ》の如来《にょらい》を移したまうべし」とあり、また『鹿苑日録』でも「その節《せつ》、善光寺如来三夜《さんや》夢に入り、大仏殿にいたらんと欲《ほっ》す」とあるからである。

ここからは、みずからの体を保つことのできなかった柔弱な大仏の修復をあきらめて、そのかわりに善光寺如来を大仏殿へ移そうという話のあったことがわかる。ここで登場する善光寺如来とは、「牛に引かれて善光寺参り」ということばでも有名な信濃国《しなののくに》善光寺の本尊《ほんぞん》（秘仏《ひぶつ》の仏像）のことであるが、それにしてもなぜ突然、善光寺如来が登場してくるのだろうか。

そこで注目されるのが、『鹿苑日録』に記されている「夢」の話である。

甲斐国《かいのくに》善光寺如来、一七夜《いちしちや》以来、夢に御覧《ごらん》なされそうろうも、かようの儀仰《おお》せ出《い》だされそうろうこと、いかがと思《おぼ》し召《め》され、このなか御遠慮なされそうろうといえども、すでに昨夜は、現《うつつ》のさまに如来影向《ようごう》そうらいて都《みやこ》へ相移《あいうつ》られ、阿弥陀峰《あみだがみね》と申す山の麓《ふもと》にこれありたきと示《じ》現《げん》そうろう、しからば、その段《だん》仰せ聞かせらるべくそうろうあい

図16　甲斐・善光寺

だ、聖護院《しょうごいん》（道澄《どうちょう》）同道《どうどう》そうらいて、早々《そうそう》
大坂へ相越《あいこ》さるべくそうろうなり、
卯月《うづき》八日　（朱印《しゅいん》）
木食上人《もくじきしょうにん》

これは、慶長二年（一五九七）ころに出された木食応其あての秀吉朱印状《しゅいんじょう》（『高野山文書《こうやさんもんじょ》』）である。[1]その内容は、『鹿苑日録』にみえる「夢」の話をさらにくわしく説明したものとなり、要約すればつぎのようになろう。

「一七夜以来」＝七日前より甲斐国の善光寺如来が夢のなかにあらわれるようになったが、このような夢の話をするのもどうかと思い、しばらくは「遠慮」していた。ところが、昨夜は「現のさま」であらわれて、「都」＝京都へ移って「阿弥陀峰と申す山の麓」に行きたいというお告げまであった。そこで、その夢を語り聞かせるので聖護院門跡道澄とともに早々大坂へ来るように。

ここにみえる「阿弥陀峰と申す山の麓」とは、右と同じ日に出された所司代玄以《しょしだいげんい》（前田玄以）の書状（『駒井日記《こまいにっき》』補遺《ほい》）で「阿弥陀峰」が「大仏の上、東あたり、かの山」と説明されているところから、大仏殿のある場所を指していることがわかる。つまり、これによって、『鹿苑日録』が語るように、善光寺如来自身が秀吉の夢のなかで大仏殿へ移りたいと語っていたことがあきらかとなる。

もっとも、『鹿苑日録』では「三夜」だったのが、ここでは「一七夜」となっている。また、仮に善光寺如来が秀吉の夢にあらわれたのだとしても、なぜそれが善光寺如来だったのかという点まではわからない。

ただし、夢というものが、中世の人びとにとって神仏のメッセージをつたえるものであり、またそれを語ることによってかたちあるものへと変化すると考えられていたことを踏まえるならば、右のような話でも善光寺如来を大仏殿へ移す理由としては十分であったろう。(2)

そういう意味では、秀吉もまた中世的な心性《しんせい》をひきずっていたといえようが、いずれにしても、大仏の力の柔弱さが強調されたり、また大破した大仏を壊してしまうよう命じたりしたのもすべて、善光寺如来を迎えるための前触れであったことがあきらかとなろう。

善光寺如来

それでは、ここで登場してきた善光寺如来を当時の人びとはどのような存在としてみていたのだろうか。ここでは、これまであまりとりあげられてこなかった『義演准后日記』慶長五年（一六〇〇）六月二七日条に記される、つぎの一文をみてみることにしよう。

善光寺如来のこと、仏在世《ぶつざいせ》のとき、天竺《てんじく》毘《び》沙離《しゃり》国月蓋長者《がっかいちょうじゃ》、西方に向かい一心《いっしん》に弥陀《みだ》仏・観音《かんのん》・勢至《せいし》を持念《じねん》す、身一搩手半《みいっちゃくしゅはん》、月蓋の門に現《あらわ》るのあいだ、長者面見《めんけん》し、金銅《こんどう》をもってこれを鋳写《いうつ》したてまつる、月蓋遷化《せんげ》の後、仏像騰飛《とうひ》し百済《くだら》国にいたり、一千年をへて本朝摂津国難波津《ほんちょうせっつのくになにわつ》に浮来《ふらい》す、五十一年をへて推古《すいこ》天皇《てんのう》十年四月八日、仏の託《たく》宣《せん》により綸旨《りんじ》をくだし、信濃国《しなののくに》水内郡《みのちぐん》に移したてまつるとうんぬん、

善光寺如来とは、「仏」＝釈迦《しゃか》が生きていた時代、「天竺」（インド）の「毘沙離国」の「長者」（富豪）である「月蓋」が、西方にむかって一心に阿弥陀仏・観音菩薩《かんのんぼさつ》・勢至菩薩《せいしぼさつ》の念仏をとなえた際、「一搩手半」＝約一尺二寸《いっしゃくにすん》（およそ四〇センチメートル弱）[3]のすがたで現れたのを金銅でもって鋳造《ちゅうぞう》した仏像である。

月蓋の死後、仏像は朝鮮半島の「百済」へわたり、それから一〇〇〇年たって「本朝」

（日本）の「摂津国難波津」に到来した。そして、その後、五一年たった推古天皇一〇年（六〇二）四月八日に釈迦のお告げにより天皇が「綸旨」（命令書）をくだし、「信濃国水内郡」に移されることとなった。

よく知られているように、善光寺如来にかかわる縁起というのはいくつもあり[4]、したがって義演が記したものも数あるなかのひとつにすぎない。ただ、いずれの縁起においても共通しているのは、善光寺如来という仏像が「天竺」（インド）・「百済」（朝鮮）・「本朝」（日本）の三国に伝来した一光三尊《いっこうさんぞん》の阿弥陀仏であったという点であろう。中世の人びとにとって、善光寺如来は三国伝来の霊験《れいけん》あらたかな古い仏像として知られていたのである。

図17　善光寺阿弥陀三尊像

ところで、その仏像が信濃国の善光寺の本尊としてつたえられていたというのも右の縁起のとおりであるが、ここで注意しなければならないのは、秀吉が大仏殿へ移そうとしたのはその信濃国善光寺如来ではなく、「甲斐国善光寺如来」であった点である。

なぜそのようなことになっているのかとい

うと、実は『鹿苑日録《ろくおんにちろく》』慶長二年（一五九七）七月一七日条に「信州《しんしゅう》善光寺如来、近年甲《こう》州《しゅう》（甲斐国）にあり」とみえるように、このころ善光寺如来は信濃国から甲斐国に移されていたためであった。

具体的には、甲斐国の普賢寺《ふげんじ》に伝来した『王代記《おうだいき》』という記録の永禄《えいろく》元年（一五五八）条に「善光寺如来、九月廿五日《にじゅうごにち》に甲府《こうふ》につきたまう」とみえ、また永禄二年条に「新善光寺、板垣《いたがき》に立つ、入仏《にゅうぶつ》、二月十六日」とあるように、甲斐の武田晴信《たけだはるのぶ》（信玄《しんげん》）によって甲府へ移されていたためであった。

もっとも、「甲州善光寺如来、去年三月、甲《こう》（甲斐国）・信《しん》（信濃国）上様《うえさま》（織田信長《おだのぶなが》）御打ち入りのとき、城之介《じょうのすけ》殿（織田信忠《おだのぶただ》）、美濃《みの》へ御移しそうろうを、上様御父子御生害《ごしょうがい》のあいだ、また甲斐国へ御帰り」（『家忠日記《いえただにっき》』）ともあるように、天正《てんしょう》一〇年（一五八二）三月に織田信長・信忠父子が武田勝頼《たけだかつより》を攻めた際には、一時期、美濃国へ移されたこともあった。それが本能寺《ほんのうじ》の変の後、甲斐国にもどされ、それを今度は京都へ移そうとしたわけである。

もとより秀吉がこれ以前から善光寺如来にどのような信仰をよせていたのかについては、夢の話以外に手がかりがないので判断のしようもない。が、善光寺如来を移動させるという点だけでいえば、おそらく織田信忠が甲斐国から美濃国へ移したことなどが影響しているのであろう。

また、一一七頁の秀吉朱印状の日付（卯月八日）をあらためてみてみると、義演が記した縁起のなかで、善光寺如来が「摂津国難波津」から「信濃国水内郡」に移された日付（四月八日）とまったく同じであることがわかる。このことから、秀吉が知識としてもっていた縁起の内容というのもまた、これに近かったと考えられよう。

ちなみに、先の『王代記』の記事からもわかるように、善光寺如来はそれが鎮座《ちんざ》したところが「善光寺」、あるいは「新」善光寺とよばれるようになる。

その点では、紫野《むらさきの》に対する「新」紫野や大仏に対する「新」大仏を建立してきた秀吉にとっては、大仏を失った「新」大仏に移す仏像としてはあるいは最適な選択であったのかもしれない。

ただし、これまでと大きく異なるのは、後にもふれるように、善光寺如来が移ってきた大仏殿もまた「善光寺」、あるいは「善光寺堂」「善光寺如来堂」とよばれるようになってしまう点であろう。

その意味では、先行研究(5)が指摘するように、秀吉が建立した大仏殿・大仏はここで大きな変化をとげることになるわけだが、その前にその善光寺如来が具体的にどのようにして甲斐国から京都の大仏殿まで移されてきたのか、そのことをみてゆくことにしよう。

2　新大仏から善光寺如来堂へ

甲斐国から近江国大津まで

秀吉が善光寺如来を甲斐国からどのように移そうとしていたのかについては、慶長二年（一五九七）六月一五日の日付をもつ秀吉朱印状《しゆいんじよう》（『甲斐善光寺文書《かいぜんこうじもんじよ》』）をみてみるとよくわかる。そして、その冒頭にはつぎのように記されている。

善光寺如来の儀、御霊夢《ごれいむ》の子細これありて、大仏殿へ遷座のこと仰《おお》せ出《い》だされそうろう、しからば甲斐国より大仏殿まで路次中《ろじちゆう》、人足《にんそく》五百人、伝馬《でんま》弐《に》百三十六疋《ひき》ずつ、申しつくべき次第のこと、

前半にみえる「御霊夢」というのが秀吉がみた夢のことであるが、ここで注目されるのはむしろ後半で、これによって善光寺如来を移動させるのに人足五〇〇人と馬二三六疋（頭）におよぶ動員がかけられていたことがわかる。

一尺あまりの仏像一体を移動させるのになぜこれほどの人足と馬が必要であったのか、

その理由はさだかではないが、それ以上に驚かされるのは、甲斐国から近江国大津《おうみのくにおおつ》までの行程をわざわざ一一区に分け、その「路次中」の諸大名にその運送の任にあたらせようとしていた事実である。

そのくわしい行程と分担については右の文章のつぎに列挙されているが、その部分を一覧表にすると表4のようになる。これによって、善光寺如来は、甲斐国から駿河国・遠江国に出た後、江戸時代のいわゆる東海道《とうかいどう》にあたる道筋を通って京都へとむかう予定だったことがわかる。また、仏像一体を移動させるのに、のべ一七人におよぶ大名たちが動員されていたこともあきらかとなる。

夢からはじまったできごととはいえ、夢をみた人物が秀吉となれば、それをかたちにするまでにいかに多くの人びとがまきこまれる結果になったのかが知られよう。

大津から大仏殿まで

このようにして多くの人びとをまきこんでその遷座の準備がととのえられた善光寺如来であるが、実際いつごろ甲斐国を出発したのかについてはさだかではない。

ただ、京都のほうでは七月七日の段階で、「来る十八日善光寺如来、大仏殿へ遷座なり」（『義演准后日記』）という情報がもたらされていた。また、それにむけて「台座《だいざ》の蓮花《れんげ》・後《ご》

表4 甲斐国から近江国大津までの行程と分担

行程	担当大名			備考
甲斐国~駿河堺	浅野弾正少弼			
駿河堺~遠江	中村式部少輔			
駿河堺~浜松	山内対馬守	有馬玄蕃頭	松下右兵衛尉	
浜松~吉田	堀尾帯刀			
吉田~岡崎	羽柴吉田侍従			
岡崎~熱田清須	田中兵部大輔			
熱田~伊勢四日市場	福嶋左衛門大夫			舟にて渡海
熱田~桑名				陸路、人足・馬
桑名か四日市場~亀山	氏家内膳正			北伊勢小給人衆、氏家内膳正申し触れ送るべきこと
亀山~近江土山	岡本下野守	羽柴下総守		
土山~石部	長束大蔵大輔			
石部~草津	江戸内大臣			
草津~大津	新庄東玉	駒井中務少輔		栗東郡御蔵入給人方、両人として申し触れ送るべきこと
大津~大仏殿	大津宰相			

光《こう》をばそのままこれ置いて、台座の上に宝塔《ほうとう》を建立なり」（『義演准后日記』）とあるように、大地震でも壊れなかった大仏の台座や後光（光背《こうはい》）はそのままにして、そこに宝塔とよばれる厨子《ずし》のようなものをつくって善光寺如来を迎える準備もすすめられていた。

　そして、そのうえで所司代《しょしだい》玄以《げんい》が義演に対して「善光寺如来大仏殿へ遷座の儀につき、来る十八日大津まで御成《おなり》そうらいて、すなわち大仏殿へ御送りとどけなさるようにと仰《おお》せ出《い》だされそうろう」（『義演准后日記』）と、大津まで出頭して、大津から大仏殿まで「送りとどけ」るようにとの秀吉の命令をつたえている。

　この命令は実際には義演だけではなく、「諸門跡《しょもんぜき》ことごとく出仕、真言・天台両宗まで出仕」（『義演准后日記』）とあるように、天台宗・真言宗の門跡たちへもなされていた。したがって、善光寺如来が大津から大仏殿へ到着する最後の行程には、先に六月の段階で予定されていた「大津宰相《おおつさいしょう》」＝京極高次《きょうごくたかつぐ》による移動だけではなく、諸門跡による「送りとどけ」という新たな儀礼がつけ加えられていたことがわかる。

　もっとも、このことがいつ決められたのかについてはさだかではない。しかし、七月六日付けの木食応其の書状（『高野《こうや》山文書《さんもんじょ》』）には「高野《こうや》より学侶衆《がくりょしゅう》あり次第まかりくだるべきのよし、一昨日、太閤様《たいこうさま》（秀吉）われらに直《じき》に仰せ出だされそうろう」とあり、木食応其でさえ直前の七月四日ころ秀吉から直接命ぜられたという。ちなみに、「興山上人《こうざんしょうにん》（木食応其）ことごとくみな奉行す」（『義演准后日記』）ともあるので、木食応其がこの新たな儀礼の奉行をまかされたこともわかる。

いずれにしても、このようにして、京都のすぐそばまで移されてきた善光寺如来はそのまま一気に入京することはせず、七月一七日の朝、いったん近江国と山城国の国境、逢坂《おうさか》の関《せき》にあった「関寺《せきでら》の阿弥陀堂に安置」され、金襴《きんらん》でかざられた輿《こし》に乗りかえさせられたうえ、翌一八日の早朝「寅剋《とらのこく》」（午前四時ころ）に装いもあらたにしてその歩みをはじめることになった（『義演准后日記』）。

御迎え

信濃国善光寺如来入洛《じゅらく》す、近年乱国《らんごく》ゆえ、甲斐国より御上洛《じょうらく》、大仏殿の本尊に安置なり、路次《ろじ》行粧歴々《こうそうれきれき》なり、御迎え衆、天台宗百五十人、真言宗百五十人、都合《つごう》三百人、僧馬に乗り法服袈裟《ほうふくけさ》にて供奉《ぐぶ》なり、門跡照高院殿《しょうこういんどの》（道澄《どうちょう》）、三宝院殿《さんぼういんどの》（義演《ぎえん》）・大覚寺《だいかくじ》殿《どの》（空性《くうしょう》）・梶井殿《かじいどの》（最胤《さいいん》）・竹内門跡《たけうちもんぜき》（覚円《かくえん》）後陣《ごじん》、聖護院殿《しょうごいんどの》（興意《こうい》）前駆《さきがけ》、木食《もくじき》上《しょう》人《にん》（応其《おうご》）、楽人衆《がくじんしゅう》騎馬なり、如来の御厨子鳳輦《ほうれん》のごときなり、旗二行に八本、都合十六本と浅野弾正少弼《あさのだんじょうしょうひつ》（長政《ながまさ》）後陣の騎馬なり、右はその善光寺如来の入京のようすをくわしくつたえる神龍院梵舜《じんりゅういんぼんしゅん》の日記『舜旧記《しゅんきゅうき》』七月一八日条の記事である。

これによれば、善光寺如来に供奉したのは門跡だけではなく、「御迎え衆」とよばれる天台宗一五〇人に真言宗一五〇人、あわせて三〇〇人におよぶ僧たちも法服に袈裟を着て馬に乗っていたことがわかる。

ここで注目されるのは、この「御迎え衆」の存在で、ここから諸門跡ならびに天台宗・真言宗の僧たちの役割が実は「送りとどけ」ではなく、むしろ民俗学でいうところの坂迎《さかむか》え（境迎《さかむか》え）のようなものであったことが読みとれる。

坂迎え（境迎え）とは、もともと神参りや仏参りなどで遠方へ旅行したものの帰参《きさん》を出迎える際におこなわれた儀礼のことで、はなやかなよそおいをした馬に本人をのせ、神歌《かみうた》などを唄いながらにぎやかに村入りしたという(6)。

今回の場合は、もちろん遠方へ旅行したものの帰参というわけではないが、仮にそう考えてみると、わざわざ近江国《おうみのくに》と山城国《やましろのくに》の境にあった関寺の阿弥陀堂に善光寺如来を安置させ、また馬に乗った僧や楽人《がくじん》たちが同道した理由も理解できよう。

ところで、その坂迎え（境迎え）には、天台・真言の門跡など錚々《そうそう》たる面々が加わっていた。門跡としてこれに出仕したのは、右によれば、三宝院門跡義演のほか、真言宗では大覚寺門跡空性、天台宗では大仏住持《だいぶつじゅうじ》の照高院門跡道澄、梶井門跡最胤、竹内門跡覚円、聖護院門跡興意のあわせて六人だったことがわかる。

そして、そのほかにも木食応其や甲斐国からひとりつきしたがってきた浅野長政までがつらなる、まさに「行粧歴々《こうそうれきれき》」（はれがましいよそおい）の行列をともなってのものであった。

ちなみに、『義演准后日記』によると、出仕した門跡は妙法院門跡常胤《みょうほういんもんぜきじょういん》を加えて実際は七人であったらしいが、甲斐国から大津までの行程にもましてはなやかさを装ったその行列は、「大津より大仏殿にいたるまで」「断えず、貴賤群集《きせんぐんしゅう》目を驚か」（『義演准后日記』）すものであったという。

当然、これを一目みようと「伏見大名の男女、桟敷《さじき》を構《かま》え見物なり、洛中《らくちゅう》の緇素《しそ》（僧俗《そうぞく》）道路に集まり美談《びだん》」（『義演准后日記』）した。そして、その余韻《よいん》はその後もつづき、「如来参詣群集もってのほか」「如来参詣市《いち》をなす」（『義演准后日記』）というように、今度は大仏殿に遷座した善光寺如来を一目拝もうという参詣人の波が押しよせることになった。

善光寺如来と秀吉

こうして善光寺如来は無事、大仏殿へおさまったわけだが、『鹿苑日録』慶長二年七月一七日条に「昨《きのう》大仏と号し、今日よりは善光寺如来堂なり」と記されているように、この日を境に大仏殿は善光寺如来堂とよばれるようになったことがわかる。
大仏を失い、善光寺如来を迎え入れた堂はもはや大仏殿とはよばれなくなったことがここからは知られるが、実はこれに関連して、『鹿苑日録』には興味深い記事を見いだすことができる。少し長いものだが、その記事とはつぎのようなものである。

如来は出処《しゅっしょ》太閤（秀吉）に似る、婁《る》舎那十六丈《しゃなじゅうろくじょう》のため大仏殿を造り、大仏殿を造りおわんぬ、すなわち尊形一尺五寸《そんぎょういっしゃくごすん》の如来これに安住す、信長総見院殿《そうけんいんどの》、武《ぶ》をもって国を取るは三十ケ国、信長、明智の反逆により十五年の勲功一朝《くんこういっちょう》に虚《きょ》となる、太閤、明智を討ち、十日を歴《へ》ずして三十余州《よしゅう》を進止《しんじ》す、六七年《ろくしちねん》のあいだに六十六州ことごとく掌《しょう》握《あく》に帰《き》す、如来の事蹟《じせき》と絲毫《しごう》も隔《へだ》てず、大仏殿また十余年天下の巧匠《こうしょう》功をなす、一刻の地震仏像を破損す、大殿すでに一尺五寸の如来殿となるといえり、地震これ明智の反逆なり、信長これ丈六の金像《こんぞう》なり、尺五の如来は今日の太閤なり、異なるや、

善光寺如来は「太閤」秀吉と似ている。その理由はこうである。織田信長は武力でもって「三十ケ国」を切りとったが、明智光秀の「反逆」によってその「十五年」におよぶ事

業は「一朝」にしてむなしくなってしまった。その光秀を秀吉は討ち、「十日」をまたずして信長が切りとった「三十ケ国」を手に入れたうえ、それから「六七年」のあいだで全国「六十六州」を掌握するにいたった。

いっぽう、大仏殿もまた「十余年」かかって天下の匠《たくみ》たちによってつくりあげられたが、「一刻」の「地震」によって「十六丈」（六丈のあやまりか。あるいは立ったときの大きさか。）の大仏は「破損」してしまった。そして今や「大殿」（大仏殿）は「一尺五寸」（およそ五〇センチメートル）の「如来殿」（如来の御堂）となっている。

これらをくらべてみるに、「地震」を光秀の「反逆」にたとえるなら、その「反逆」でたおれた信長は「丈六の金像」（大仏）、そしてそのかわりとしてやってきた「尺五の如来」（善光寺如来）は秀吉となろう。善光寺如来と秀吉との事績はうりふたつとしかいいようがないではないか。

この記事を書いたのは京都相国寺《しょうこくじ》の西笑承兌《さいしょうしょうだい》。秀吉側近の禅僧《ぜんそう》として外交にもたずさわった人物として知られているが、『鹿苑日録』という公的な日記に記された右のような内容が秀吉にもつたえられたのかどうかはさだかではない。

しかし、大仏殿でありながら、その本尊がとり崩されたうえ、そこへわずか一尺五寸（『義演准后日記』が記した縁起では一尺二寸であったが）の善光寺如来が鎮座するという不思議なできごとをまのあたりにして、西笑承兌のような五山《ござん》の禅僧にして漢語に堪能な知識人としては、あるいは数詞を駆使しつつなんとかそのことを説明しなければならないという衝動にかられたのかもしれない。

ちなみに、真言僧でもある義演は、今回のことについてつぎのような感想をのべている（『義演准后日記』）。

> 去年大仏地震につき、大仏釈迦破裂、よって今度かの釈迦こぼたれて、如来を安置せらる、一興《いっきょう》一興《いっきょう》、

図18　西笑承兌（大光明寺蔵）

この場合、「一興一興」をどのように解釈するかが問題となるが、別のところでは「大仏殿如来貴賤群集、奇妙《きみょう》奇妙《きみょう》」（『義演准后日記』）とも記しているので、義演もまた西笑承兌同様、今回のことを不思議なできごと、

あるいは常識をこえたことと考えていた。しかし、義演にとっては、そのように考えることと善光寺如来を大津まで迎えにゆくということとはおそらく矛盾しないのだろう。

同じ秀吉側近の僧とはいっても、その思考様式においても、また行動様式においても西笑承兌と義演とではさまざまな点において違いのあったことが知られるが、義演にはそのようなことよりも気がかりなことがあった。それが大地震で延期となっていた大仏供養会のゆくえである。

大仏供養会のゆくえ

大地震で延期となった大仏供養会は、実は善光寺如来が遷座される七月の初旬ころには話題にのぼりはじめていた。

というのも、『義演准后日記』七月二日条には「大仏供養とり沙汰《ざた》これあり」とみえ、また七月四日にも義演は所司代《しょしだい》玄以《げんい》へ書状を送って「呪願《じゅがん》のこと、去年のとおり相違なく、いよいよ参懃《さんきん》せしめそうろうよう、御とりなしひとえに仰《あお》ぐところにそうろう」と去年どおり呪願師がつとめられるようにとりなしを頼んでいたからである（『義演准后日記』）。

ところが、それも善光寺如来遷座の混乱にかき消されてしまったようで、七月二七日には「大仏供養の儀いまだ治定《じじょう》せず、太閤御所《たいこうごしょ》（秀吉）、大仏へ御成《おなり》あって仰《おお》せ出《い》ださるべきかとの推量」（『義演准后日記』）をしている。

　ただそれも八月に入ると風向きがかわったようで、『義演准后日記』を追ってゆくと、「大仏供養来月のよし風聞《ふうぶん》」（八月七日条）、「善光寺如来堂供養、来月廿八日《にじゅうはちにち》にあるべきのよし」（八月二六日条）、「堂供養来月廿八日吉日《きちじつ》なり」（八月二九日条）というように、九月二八日に日程がさだまりそうな勢いをみせる。

　しかしながら、その勢いも九月に入ると急速におとろえ、同じように『義演准后日記』を追ってみても、「来月中旬のころと仰せ出ださる」（九月七日条）、「御供養、来月十四、五日ころ」（九月一一日条）、そして「善光寺堂供養、来月もまた御延引《えんいん》あるべきかと」（九月二三日条）というように、またまた延期となってしまった。

　このように大仏供養会の日程が二転三転したうえ、再度延期されてしまった理由はさだかではない。しかし、ここからは逆に大仏殿が完成をみて一年以上たっていたにもかかわらず、それを祝う儀式がなおおこなわれていなかったことがあきらかとなろう。

　したがって遷座してきた善光寺如来もまた正式には完成にいたっていない堂におさめられたことになるわけだが、それと関連して興味深いのは、当初、「大仏供養」といっていた義演も八月下旬以降には「善光寺如来堂供養」と日記に記すようになっている点である。

　大仏殿がもはや大仏殿ではなく善光寺如来堂であることがしだいに既成事実になってゆ

くようすがうかがえるが、それにともなって義演もまた大仏殿の堂供養から善光寺如来堂の堂供養の実施を待ちのぞむようになっていった。

しかし、それは結局のところ、供養会において呪願師をつとめることさえできれば、義演にとってはどちらでもよいことだったのかもしれない。あるいは、この間、地震がおころうと、善光寺如来が遷座されようとなんらの影響もうけず毎月おこなわれていた大仏千僧会の座次《ざじ》が、この年の五月に天台宗の訴訟によってひっくり返されたことへの対応のほうに忙しかったというのが実際だったのかもしれない。

善光寺前大施餓鬼会

ところで、善光寺如来堂供養会＝大仏供養会が延期と決した九月、そのいっぽうで別の法会が善光寺如来堂＝大仏殿の前でおこなわれようとしていた。それが大規模な施餓鬼会《せがきえ》である。施餓鬼会とは、施食会《せじきえ》・水陸会《すいりくえ》ともいい、悪道に墜《お》ちて飢餓に苦しんでいる衆生《しゅじょう》や餓鬼《がき》にほどこす法会のことで、鎮魂《ちんこん》の意味があるとされている。(7)

その施餓鬼会を九月二六日に大規模におこなうよう相国寺《しょうこくじ》の西笑承兌《さいしょうしょうだい》が「飛脚《ひきゃく》」でもって豊臣政権からつたえられたのは九月一七日であった。そして、その目的とはつぎのようなものであったと、その日記『鹿苑日録《ろくおんにちろく》』同日条には記されている。

善光寺前において、大明《だいみん》・朝鮮闘死《とうし》の衆慈救《じきゅう》のため、大施食執行《せじきしっこう》すべきのむね上意《じょうい》なり、

すなわち、明と朝鮮の戦死者の鎮魂のため善光寺の前で大施餓鬼会をおこなえ、というのが「上意」＝秀吉の命令であった。ここでなぜ明と朝鮮の戦死者が出てくるのかといえば、もちろんこのころ朝鮮半島では秀吉の命令によって再開された第二次朝鮮侵略＝慶《けい》長《ちょう》の役《えき》がくり広げられていたからである。

これによって今回の大施餓鬼会が秀吉軍の手にかかって亡くなった明と朝鮮の人びとの鎮魂のためにおこなわれるものであったことがあきらかとなるが、それではなぜそれが善光寺＝大仏殿の前でおこなわれることになったのであろうか。

その理由は、『義演准后日記』九月二二日条に「高麗《こうらい》より、耳鼻十五桶上《おけのぼ》るとうんぬん、すなわち大仏近所に塚を築きこれを埋《う》む、合戦日本大利《だいり》を得《う》とうんぬん」とみえるように、明や朝鮮の人びとの耳や鼻が「大仏近所」に埋められ塚が築かれていたためであった。この塚こそ、今に残される耳塚《みみづか》とよばれる巨大な塚のことであり、当時は「鼻塚《はなづか》」(『鹿苑日録』)とよばれていたことが知られている。

秀吉からの命令をうけた西笑承兌は九月一九日に南禅寺《なんぜんじ》・天龍寺《てんりゅうじ》・建仁寺《けんにんじ》・東福寺《とうふくじ》と

図19　耳塚（明治期）

いったいずれも京都に所在する五山《ござん》とよばれる禅宗寺院へと触《ふれ》をまわしているが（『鹿苑日録』）、ここから今回の大施餓鬼会が五山禅宗《ござんぜんしゅう》によっておこなわれる予定であったことがわかる。

室町時代から京都では、幕府が費用を出しておこなわれる大規模な施餓鬼会は五山禅宗によっておこなわれるのが慣例となっていたので[8]、おそらく今回もその先例を踏まえたものだったのだろう。

ちなみに、『義演准后日記』をみてみると、興味深いことに義演がこの大施餓鬼会についてほとんど関心をよせていないことが読みとれる。法会や祈禱《きとう》とひとくちでいっても、大仏供養会やこの大施餓鬼会のありかたからもうかがえるように、中世では、宗派ごとあるいは寺院ごとに厳密な役割分担のあったことがわかる。

その意味からすれば、豊臣政権自身が「国家の祈禱」と同じといっていたにもかかわらず、五山禅宗はもとより浄土宗《じょうどしゅう》や法華宗《ほっけしゅう》など新仏教までを含みこんだ新儀の八宗《はっしゅう》が出仕する大仏千僧会の存在が当時としてもいかに異例なものであったのかがあらためて知られよう。

大明・朝鮮闘死群霊のために築くところの塚

ところで、九月二六日に予定されていた大施餓鬼会は、前日の二五日になって急に延期と決められる。その報をうけた西笑承兌はその理由を木食応其にたずねているが、木食応其によればその理由とはつぎのようなものだった（『鹿苑日録』）。

今日大明《だいみん》・朝鮮闘死群霊《ぐんれい》のために築くところの塚もっとも小《しょう》なり、縦横広大《じゅうおうこうだい》にして、その後、施食《せじき》すべきなりとうんぬん、

現状の「大明・朝鮮闘死群霊のために築くところの塚」では小さいので、もっと大規模なものにした後に施餓鬼会をおこなうべきである、と。

この理由に納得できなかった西笑承兌は、上洛してきた秀吉を待ちうけてこのことを直接たずねているが、その際、秀吉は「まず施食を読《どく》し、明春《みょうしゅん》塚広大にせしむべきのよし

なり」（まずは施餓鬼会をおこない、年があけてから塚を大きくすればよい）というたという（『鹿苑日録』）。

これでは延期をいい出したのが秀吉だったのか、木食応其だったのかわからなくなるが、いずれにしても「木食と廿八日《にじゆうはちにち》に施食執行《しつこう》すべきのむね談《だん》ず」（『鹿苑日録』）ということなので、九月二八日に大施餓鬼会はおこなわれることになった。

以上のことからは、今回の大施餓鬼会が法会そのものをおこなうことより、むしろ「大明・朝鮮闘死群霊のために築くところの塚」の存在を強調するところに目的のあったことが透けてみえる。そうでなければ、塚の大きさの問題だけで法会の日程が左右されるようなことはなかったであろう。

とすれば、「大明・朝鮮闘死群霊のために築くところの塚」の存在を強調することにはどのような意味があったのであろうか。それは、塚が築かれたとき、『義演准后日記』が「合戦日本大利《だいり》を得《う》」と記していたことからもうかがえるように、秀吉軍の大勝利を知らしめることをおいてほかに考えることはできないだろう。

それを裏づけるように大施餓鬼会がおこなわれた二八日当日、西笑承兌は、「八寸方《はつすんほう》の柱、長さ三間《さんけん》」の大きさの卒都婆《そとば》に「本朝の鋭士《えいし》、城を攻め地を略す、しこうして、撃殺《げきさつ》すること無数なり、将士《しょうし》、首功《しゅこう》をあぐべきといえども、江海遼遠《こうかいりょうえん》なるをもってこれを劓《はなき》り、大相国《だいしょうこく》（秀吉）の高覧《こうらん》にそなう、相国、怨讎《おんしゅう》の思いをなさず、かえって慈愍《じみん》の心を深くす」（『鹿苑日録』）といった文面を書き記している。

ここでは直接、秀吉軍の勝利が語られているわけではないが、「日本大利」の証としての「無数」の「首功」のかわりの鼻が到来したにもかかわらず、それをみて秀吉が「怨讎の思い」（うらみ）ではなく、「慈愍」（憐れみ）を示したということ、つまり秀吉軍が余裕をもって戦っていることを「大明・朝鮮闘死群霊のために築くところの塚」と大施餓鬼会を通して国内に喧伝《けんでん》しようとしたことはあきらかといえよう。

それでは「大明・朝鮮闘死群霊のために築くところの塚」は、なぜ「大仏近所」＝善光寺如来堂の近くに築かれたのだろうか。この点については、善光寺如来が三国伝来であったことに意味があるという理解も出されている。(9)

しかし、それを裏づける史料は残されておらず、また残されている史料から読みとれることといえば、むしろ「如来参詣群集もってのほか」「如来参詣市《いち》をなす」（『義演准后日記』）とあるように、善光寺如来が遷座して以来、大仏殿に参詣する人びとの数が爆発的に増えていたという事実であろう。

もっとも、大仏殿はそれが普請・作事をはじめられたころより多くの人びとの関心をあつめ、見物の対象となっていたことが諸記録で確認することができる。ただ、それでもこのように「市をなす」ほどのようなことはなかったことから考えると、秀吉軍の勝利をできるだけ多くの人びとに知らしめる場所としては、この時期ここ以上に適したところはなかったというのが実際だったのではないだろうか。

そう考えてみると、大施餓鬼会がおこなわれた九月二八日というのが、実は八月の段階で大仏供養会の予定日とされた日と同じであったことが思いおこされる。ここからは、大仏供養会を先送りにしてさえ、「大明・朝鮮闘死群霊のために築くところの塚」を築き大施餓鬼会をおこなわねばならない必要性が秀吉や豊臣政権にはあったと考えられる。

その必要性とは、すなわち彼らが知らしめようとしていたこととは反対の事実、つまり朝鮮半島での戦況の悪化というものがその背後にあったと考えるのが自然だろう。

外見上の華々しさとは裏腹に、豊臣政権をとりまく状況には国の外から暗雲がたれこめつつあったわけだが、しかしそれは国の内でも同様だった。というのも、ちょうど大地震がおこる前後から、さまざまな恠異《かいい》（怪異）が頻発《ひんぱつ》していたことが確認できるようになるからである。

内憂外患と恠異

さる六月廿七日、天より沙《すな》ふる、また去月十四日の夜、白毛《しろけ》あるいは黒毛《くろげ》ふる、まことに百姓《ひやくせい》の労苦《ろうく》このときなり、地検《ちけん》をせられ、あまつさえ昼夜普請《ちゆうやふしん》に責《せ》めつかわれ、片時《かたとき》も安《やす》んずることなきなり、よって土を雨《ふら》すは余儀《よぎ》なきか、ついで関白秀次《ひでつぐ》（羽柴秀次）謀叛《むほん》、誅《ちゆう》せられ、今年数万人をもって、伏見山《ふしみやま》を開く、衆人《しゆうじん》群集す、まことに毛を雨《ふら》すゆえなり、

これは『義演准后日記』文禄《ぶんろく》五年（一五九六）八月朔日《ついたち》条に記されたものであるが、その内容はおおよそつぎのようなものとなる。

今年の六月二七日に天から「沙」（砂）がふってきた。また先月の閏《うるう》七月一四日の夜には「白毛」、あるいは「黒毛」もふってきたが、これらは「百姓」（人民）の「労苦」をあらわすものである。というのも、この間、「百姓」は「地検」（太閤検地《たいこうけんち》）によって増税をしいられたうえ、昼夜となく「普請」にこきつかわれ、片時もこころ休まることがなかったからだ。天が「土」（沙）をふらすのも無理からぬことであろう。

それればかりではない。去年には関白秀次の謀叛事件がおこり、無惨な結末におわったのもつかのま、今年には大地震で壊れた伏見城（指月城《しげつじよう》）を再建するため、「伏見山」（木幡《こわた》山《やま》）を「数万人」を動員して開発しはじめている。天が沙だけではなく、「毛」もふらせ

図20　伏見城（『洛中洛外図屏風』　堺市博物館蔵）

たのはこのためだろう、と。

ここからは秀吉と豊臣政権に対する強烈な批判が読みとれるが、しかしながら右に記された内容は義演自身の解釈ではなく、「東福寺僧《とうふくじそう》」が『太平御覧《たいへいぎょらん》』や『隋書《ずいしょ》』など漢籍を「撰出」しての解釈であった。もっとも、このあとに「書物《しょもつ》と符合、奇特《きとく》」と記しているところからすると、義演の考えとも符合するものだったようである。

このとき実際に砂や毛がふるといった現象がおこったのかどうかについては残念ながら確認ができない。しかし、中世ではこのような異常な現象＝恠異は、そのまま強烈な政治批判としてうけとられ、ときの権力はそれへの対処をもとめられた。

今回、義演や東福寺僧が恠異の意味を解釈しているのもあるいはそのためだったと考えられるが、よりリアルな現実としては、『当代記』がつたえるつぎのような光景のほうがはるかに日常的なものだっただろう。

慶長二丁酉《ひのととり》正月下旬より、伏見普請をなすなり、ここ近年の普請、人の退屈是非《たいくつぜひ》におよばず、あまりにきびしく相《あい》かせぐのあいだ、晩におよびては目みえず、あるいは石にあたり身をそこなう、または煩《わずら》いにつき普請に出《い》でざれば、その主人、飯米《はんまい》を出ださざるのあいだ、乞食《こつじき》となり京中《きょうちゅう》に充満せり、

ここでは木幡山に伏見城を再建するにあたって集められた人びと（おそらくは、大名の手伝普請《てつだいふしん》によって動員されたり、仕事をもとめて地方から出てきた人足たち）のすがたが活写されている。

それによれば、あまりにも過酷な労働をしいられたため夜になると目のみえなくなるものもおれば、石にあたって負傷するもの、また病気になって現場に出られず飯米（食費）も支給されなくなったものなど、働けなくなった人びとは乞食となって京中のあちこちに充満するほかに生きるすべのなかったことが知られる。

伏見城や大坂城の普請といえば、とかくはなやかなイメージにいろどられているが、その裏には実にきびしい現実があった[10]。おそらくそれは大仏殿・大仏の普請でも同様であったと考えられるが、ただ、そのいっぽうではつぎのような光景もみられた。

この普請につき、日本国中上下《にほんこくじゅうかみしも》の人、伏見・大坂に居住のあいだ、京・堺の町人、売買に利を得ること、近代を超過せりとうんぬん、

これも『当代記』の記事だが、過酷な労働をしいられる人びとがおれば、そのいっぽうで儲《もう》ける人びともおり、普請にともなって「日本国中」からやってきて「伏見・大坂」に居住するようになった人びとを相手に「売買の利」を得る「京・堺の町人」のすがたもあった。

もっとも、この「売買の利」を豊臣政権が見のがすはずもなく、同じく『当代記』には「畿内・京・伏見・大坂・堺諸《しょ》売り物《もの》、大小をきらわず、五分の一の役《やく》を召しあげらる、庶民これがため迷惑す」とあるように、消費税さながら、「五分の一」（二〇パーセント）にのぼる「役」が課せられたという。

この「五分の一の役」が実行されたのかどうかはさだかではないが、いずれにしても上

は大名から下は「庶民」にいたるまで、秀吉と豊臣政権がたえまなくおこないつづける普請に対する人びとの「退屈《たいくつ》」（困りはてること）は限界にきていた。しかも、これと並行して対外戦争がおこなわれているのだから、なおさらのことであったろう。恠異とは、つまるところこのような国内の不満を示すものだったのである。

このようにしてみると、善光寺如来は、以上のような内憂外患《ないゆうがいかん》のまっただなかを遷座してきたことになる。あるいは秀吉とその政権は、この善光寺如来の遷座をもって恠異への対処になると考えたのかもしれない。

しかし、もはや善光寺如来の力をもってしてもこの内憂外患のながれをかえることはできなかった。それればかりか、このながれは善光寺如来や秀吉自身も大きくのみこんでゆくことになる。

註

（1）この文書の日付は、『高野山文書』（大日本古文書）三五二号でも「九月八日」となっているため、古典的な研究として知られる辻善之助『日本仏教史　第七巻　近世篇之二』（岩波書店、一九五二年）以来、近年の西山克「王権と善光寺如来堂」（『古代・中世の信濃社会　塚本学先生退職記念論文集』銀河書房、一九九二年）・同「豊臣「始祖」神話の風景」（『思想』八二九号、一九九三年）にいたるまで、文禄五年（慶長元年）九月八日として理解されてきた。ただこれでは、善光寺如来の遷座が実施されるまでにおよそ八ヶ月もの間隔があいてしまい、そのため西山氏も「この八カ月の空白が何を意味するのか、よくはわからない」（「王権と善光寺如来堂」）としている。しかしながら、『駒井日記』補遺（藤田恒春校訂『増補駒井日記』文献出版、一九九二年）におさめられたほぼ同文の所司代玄以書状の日付は慶長二年の「卯月八日」となっており、これならば事実のながれに整合性がみられる。よってここでは（慶長二年）卯月八日とした。

（2）酒井紀美『夢語り・夢解きの中世』（朝日選書、二〇〇一年）。

（3）「一搩手半《いっちゃくしゅはん》」とは、『義演准后日記』慶長三年五月二二日条によれば、「一搩手半は、母胎《はたい》にあるときの等身《とうしん》なり、一尺三寸、あるいは一尺二寸、一搩手半、あるいは一張手半《いっちょうしゅはん》、一張手は八寸なり、半は四寸なり、一張手半は一尺二寸なり、搩字は臂《ひじ》なり、臂より掌中《しょうちゅう》にいたる、一張手半という」といった説明がある。また、中村元『仏教語大辞典　縮刷版』（東京書籍、一九八一年）では、一搩手は手の親指と中指をいっぱい伸ばした長さで、薬師仏の高さであると説明されている。いずれにしても仏の大きさを示す。

（4）坂井衡平『善光寺史』上（東京美術、一九六九年）。

（5）註（1）西山氏論文参照。

（6）大塚民俗学会編『縮刷版　日本民俗事典』（弘文堂、一九九四年）。

（7）中村元『仏教語大辞典　縮刷版』（東京書籍、一九八一年）。

（8）原田正俊「五山禅林の仏事法会と中世社会——鎮魂・施餓鬼・祈禱を中心に——」（『禅学研究』七七号、一九九九年）、西山美香「五山禅林の施餓鬼について——水陸会からの影響——」（『駒澤大学禅研究所年報』一七号、二〇〇六年）。

(9)　註(1)西山氏論文参照。

(10)　横田冬彦「城郭と権威」(『岩波講座　日本通史　第11巻　近世1』一九九三年)、同「秀吉の都市改造と町衆」(『朝日百科日本の歴史別冊　12　洛中洛外——京は〝花の都〟か』一九九四年)。

第四章　大仏鎮守の建立

1　善光寺如来の帰座と秀吉の死

秀吉の病気

『当代記《とうだいき》』慶長《けいちょう》元年（文禄《ぶんろく》五年、一五九六）条には、この時期の秀吉のようすをつたえるつぎのような記事が記されている。

同年（文禄五年・慶長元年）春、太閤《たいこう》（秀吉）もってのほか御悩《ごのう》、三月にわかに御平癒《ごへいゆ》、諸人安堵《しょじんあんど》の思いをなす、惣別《そうべつ》、未年《ひつじのとし》（文禄四年）より常に御悩気《ごのうき》、三月より御息災《ごそくさい》、

「御悩」「御悩気」というのは天皇や貴人《きじん》の病気を意味するから、この記事は秀吉が病気であったことをつたえたものとなる。それによれば、秀吉は文禄四年（一五九五）ころか

ら常に病気がちとなり、翌文禄五年の春にはかなり深刻な状態に陥っていたという。
このことは、醍醐寺《だいごじ》の三宝院門跡《さんぼういんもんぜき》義演《ぎえん》の日記『義演准后日記《ぎえんじゅごうにっき》』でも確認でき、その正月朔日《ついたち》条をみると、「旧冬《きゅうとう》より御不例《ごふれい》（病気）」により秀吉は大坂城から伏見城に帰って来れず、そのため伏見城下に集住していた諸大名が秀吉に対して「惣礼《そうれい》」できなかったとつたえている。

この「惣礼」のような年頭《ねんとう》の礼（あいさつ）は、武家社会にあっては主従関係を確認する重要な儀礼として知られているから、それがおこなわれなかったことだけでもことの深刻さがうかがわれる。

そのうえ、「来月（二月）朔日」に延期された「惣礼」すらも、「太閤不例」がつづいたため、「三月朔日まで延引《えんいん》のよし風聞《ふうぶん》」といううわさまでがながれるありさまであった（『義演准后日記』）。

結局のところ、『義演准后日記』二月二〇日条に「太閤御不例本服《ほんぷく》、去る十四日、伏見城へ渡御《とぎょ》」とあるように、『当代記』がつたえるよりは少し早めに秀吉は回復したようだが、ただこのときの病気は相当きつかったらしく、みずからの将来に不安を感じたのであろう。後継準備を急がせることになった。

というのも、右の記事のすぐ後には「若君《わかぎみ》御拾と号す、来月あたり昇殿《しょうでん》とうんぬん、当年四歳

図21　豊臣秀頼（東京大学史料編纂所所蔵模写）

のゆえか」とみえ、元服《げんぷく》（成人式）もすませていないわずか四歳の御拾《おひろい》（後の秀頼《ひでより》）を参内《さんだい》（朝廷へ出仕《しゅつし》）させようとし、五月九日には「諸大名おのおの供奉《ぐぶ》、家康以下五人が乗輿《じょうよ》、そのほかの大名騎馬《きば》」といった行列を仕立てて「伏見より聚楽《じゅらく》にいた」ったうえ、五月一三日に実際に参内したことが知られているからである（『義演准后日記』）。

　そして、五月二五日には「伏見城において御拾《おひろい》御所《ごしょ》ならびに太閤御所へ、諸家《しょけ》・諸門跡《しょもんぜき》ならびに諸国諸大名残らず御礼これあり」（『義演准后日記』）とあるように、延引されてきた「惣礼」が伏見城で秀吉とともに御拾に対してもおこなわれている。

「日本国の諸侍《しょざむらい》、一人として出仕せざるものはこれなきなり」というのは、『義演准后日記』の記事だが、文字どおり「日本国の諸侍」はこのとき秀吉の後継者としての御拾とのあいだにも主従関係をむすぶことになったといえよう。

　ちなみに、御拾はこの直後におこなわれた祇園会《ぎおんえ》（祇園祭）を見物するため、六月七日に下京《しもぎょう》へ出向いている（『義演准后日記』）。秀吉自身はこれまで一度として祇園会を見物した形跡がないが、室町幕府の将軍がしばしば祇園会を見物したという先例を踏まえるならば、[1]今回の祇園会見物にはみずからの後継者としての御拾の存在を京都の町人へ披露する意味合いもあったのかもしれない。

ところで、『当代記』が秀吉の病気が常態《じょうたい》となったとつたえる文禄四年は、秀次《ひでつぐ》事件がおこり、大仏千僧会《だいぶつせんぞうえ》がはじめられた年だが、実際のところその病気はもう少し早い時期から秀吉の体をむしばみはじめていたようである。

というのも、秀次の右筆《ゆうひつ》であった駒井重勝《こまいしげかつ》の日記『駒井日記《こまいにっき》』文禄三年（一五九四）四月一七日条に「太閤様去る十五日の夜、少し御心悪《こころあ》しく、御覚《おぼ》えなく小便たれさせられそうろう」とみえるからである。

「心悪しく」（気分が悪く）なり、「小便」がたれるという病状がどのような病気によるものだったのかはさだかではないが、そのこともあって、秀吉はその直後に摂津国有馬《せっつのくにありま》へ湯治《とうじ》に出かけている。しかし、二四日の段階でも「御手足いたみ申しそうろう」というありさまで、さいわい二五日には「御快気《ごかいき》」とはなったものの（『駒井日記』）、おそらくこのころからその病気が豊臣政権のゆく末にも暗い影を落としはじめていたことだけはまちがいないだろう。

善光寺如来と大織冠

文禄五年三月ごろにいったん回復した秀吉の病気は、翌慶長二年（一五九七）一〇月ころからふたたび深刻な状態に入りはじめる。『義演准后日記』一一月朔日条に「太閤御所去る廿七日より御不例」とみえるからである。

結論からいえば、今回は回復することもなく、翌慶長三年（一五九八）八月一八日に秀吉は病死してしまうが、ちょうどこの間の文禄五年閏《うるう》七月に大地震がおこり、大仏が大破、そして翌慶長二年七月にはその大仏のかわりとして善光寺《ぜんこうじ》如来《にょらい》が遷座《せんざ》してくる。

前章では、その事実関係についてだけくわしくみたが、このように秀吉の病気が常態となったさなかに善光寺如来が遷座させられてきたことを合わせみるならば、その意味についてもあらためて考える必要があろう。

というのも、実はこれ以前にもよく似た事実のあったことが知られているからである。その事実とは、秀吉の実弟豊臣秀長《とよとみひでなが》（羽柴秀長《はしばひでなが》）の病気が常態となった天正《てんしょう》一六年（一五八八）四月に秀長の居城郡山城《こおりやまじょう》（大和郡山）城下へ大織冠《たいしょっかん》が遷座させられたというものである[2]。

ここでいう大織冠とは、大和国《やまとのくに》多武峰寺《とおのみねでら》（妙楽寺《みょうらくじ》、現在の談山神社《たんざんじんじゃ》）にまつられた藤原《ふじわらの》鎌足《かまたり》の木像（大織冠神像《たいしょっかんしんぞう》）のことであり、中世では大織冠破裂《たいしょっかんはれつ》といって、凶事《きょうじ》や異変の際にはその予兆として破裂（亀裂、欠損）することでも知られた霊宝《れいほう》である。

その大織冠を含む多武峰寺そのものを郡山へ遷座させようという計画自体は、はやく天正一三年（一五八五）の段階にあったが、坊舎が翌天正一四年に実際に移されたのに対して、大織冠のほうはなぜか遷座されなかった。

その理由はさだかではないが、もともと多武峰寺の郡山移築という計画は、寺僧《じそう》集団内でおこっていた争いの解決策として、多武峰寺を管轄《かんかつ》する青蓮院門跡《しょうれんいんもんぜき》の意向もうけておこなわれた。そのことを考えると、あるいは当初より大織冠の遷座までを無理強いするものではなかったのかもしれない。

図22　藤原鎌足（談山神社蔵）

ただそのことによって、多武峰寺は、郡山に移った寺僧たちが守る新多武峰《しんとおのみね》（新峰《しんみね》、新寺《しんでら》）と故地に残った寺僧たちが守る多武峰（本峰《ほんみね》、本寺《ほんでら》、古寺《こじ》）とに分裂することになる。ここでもまた、多武峰寺に対して「新」多武峰寺が登場することになったわけだが、それが天正一六年になって突然、大織冠の郡山への遷座となった。

　これまで実行されていなかった大織冠遷座がなぜこのときにおこなわれたのか、残念ながらその理由を語ってくれる史料は残されていない。が、この点については、この二年後の天正一八年一〇月に「はや今暁《こんぎょう》秀長は死去」（『多聞院日記《たもんいんにっき》』）といわれるほどの病状に秀長が陥ったとき、「当病本復《とうびょうほんぶく》においては、大織冠先々《さきざき》のごとく、御帰山《ごきざん》たるべし」（『談山《たんざん》神社文書《じんじゃもんじょ》』）と豊臣政権が秀長の病気平癒とひきかえに大織冠を帰座させようと多武峰寺につたえたことが参考となろう。

　なぜなら、ここから逆に、天正一六年の郡山遷座もまた同様な目的＝病気平癒のためにおこなわれたという可能性が考えられるからである。

　もっとも、『多聞院日記』天正一八年一二月一五日条では大織冠が帰座される理由を「もってのほか御たたりの子細《しさい》これあるゆえ」と記しており、豊臣政権が多武峰寺につたえたものとは大きく異なっている。

　しかし、それは、大織冠が「御たたり」をおこすほどの霊力《れいりょく》をそなえていたことを裏がえすものともいえ、豊臣政権が期待していたのもまたそのような尋常ならざる力によって秀長の病気が平癒することにあったといえよう。

このことからすれば、善光寺如来が遷座してきたのも秀吉の病気平癒に対する期待があったと考えられる。そして、この点にかかわって注目されるのは、このとき大仏殿に移されたのが善光寺如来だけではなかったという事実である。

この春、奥州平泉中尊寺一切経《おうしゆうひらいずみちゆうそんじいつさいきよう》、伏見へ召し上げられ、如来堂《にょらいどう》（大仏殿）に置かる、これ（藤原）清衡《きよひら》・基衡《もとひら》・秀衡《ひでひら》三代の中に書き写すところの経三部あり、十月本国へ返し下さる、

これは『当代記《とうだいき》』慶長三年（一五九八）条に記された記事であるが、ここからは奥州藤原氏三代の発願《ほつがん》によって書写された、かの中尊寺経《ちゆうそんじきよう》も平泉《ひらいずみ》からはるばる「如来堂」（大仏殿）へ移され、秀吉の死後、返されたことが知られる。

この事実は、『義演准后日記』でも確認でき、その六月八日条には「奥州より先度《せんど》仰《おお》せつけらる一切経二部、伏見にて参著《さんちやく》」とみえる。時期的なことから考えても、この「中尊寺経」もまた善光寺如来と同じような力を期待された可能性は高いだろう。

現在のところ、大仏殿へ移されてきた霊宝というのは史料でみるかぎり善光寺如来と中尊寺経にとどまっているが、それでもこれら霊宝の特徴としてはいずれも結果的に短期間

で返されているということ、つまりはコレクションを目的としたようなものではなかった点があげられよう。

このことからも、それらに期待されたものが、それら自身がそなえる霊力や、あるいは遷座といった移動にともなっておこるであろう特別な力にあったことがうかがえる。したがって、善光寺如来の遷座もまた、地震で大破した大仏のかわりという以上の意味合いがあったと考えられるわけだが、それではその善光寺如来は具体的にどのようにして帰座することになったのか。また、それよりまえに秀吉はどのような病状をへて死にいたったのか。そのことをつぎにみてゆくことにしよう。

秀吉の死

さて、慶長二年（一五九七）一〇月ころから再発した秀吉の病状は、慶長三年に入ると悪化の一途をたどった。

たとえば、『当代記』によれば、「太閤秀吉公、六月二日より御不例、御腰立たず」とされ、また『フランシスコ・パシオ師の「太閤秀吉の臨終」についての報告』という外国語史料にも、「国王（太閤様）は伏見城に滞在していた六月のおわりに赤痢《せきり》をわずらい、よくあることですが、ときならず胃痛を訴えるようになりました。（中略）八月五日に病状は悪化して生存は絶望となるにいたりました」とされているからである。

ただ、それでもときどきは調子のよくなることもあったようで、たとえば、秀吉側近の相国寺《しょうこくじ》の西笑承兌《さいしょうしょうだい》が七月二四日にしたためた書状（『西笑和尚文案《さいしょうおしょうぶんあん》』）には、つぎのようなようすがつたえられている。

一昨日廿二日《にじゅうににち》には、内府《ないふ》（徳川家康）・大納言殿《だいなごんどの》（前田利家）・富田左近将監《とみたさこんしょうげん》・有馬中書《ありまちゅうしょ》（則頼《のりより》）を召され、御雑談《ござうだん》そうろう、御食事も御病中御めし参りそうろう儀これなくそうらえども、このあいだ御汁《おしる》にて御めし聞こしめされ、御気色《けしき》もよくそうらいて二時《ふたとき》ばかり御物語珍重《ちんちょう》と申す儀にそうろう、

これによれば、秀吉は、七月二二日は「御気色もよく」、徳川家康や前田利家らを病床によび出して「二時ばかり」（約四時間）も「御雑談」、細くなっていた食事もこの日ばかりは「御汁にて御めし」を食べたという。このとき、秀吉が家康や利家らを相手にどのような話をしたのか、興味のひかれるところだが、残念ながらその内容までは記されていない。

ただ、同じ書状のなかには、「去る十五日には御遺物《ゆいぶつ》として諸大名そのほか御奉公衆《ほうこうしゅう》残

らず金銀・御腰《おこし》の物拝領《ものはいりょう》そうろう」と記されているので、おそらくみずからの死後のことなどについても語ったことだろう。

ちなみに、『義演准后日記』七月二五日条には、「太閤御所より御不例につき、御遺物として、公家《くげ》・門跡《もんぜき》へ金銀これを支配《しはい》す」とみえるので、公家や門跡たちにも「御遺物」として金銀が配られたことがわかる。

このことからも、このころには秀吉はみずからの死期をさとっていたようにも思われるが、それを裏づけるように、翌八月四日に秀吉に対面した宣教師《せんきょうし》ジョアン・ロドゥリーゲスが語ったところによれば、「太閤様は、純絹《じゅんけん》の蒲団《ふとん》のあいだで、枕（に頭をのせて）横臥《おうが》し、もはや人間とは思えぬばかり、全身痩《や》せ衰えて」（『フランシスコ・パシオ師の「太閤秀吉の臨終」についての報告』）いたという。

また、その三日後の八月七日には、「浅野弾正《あさのだんじょう》（長政《ながまさ》）・増田右衛門尉《ましたえもんのじょう》（長盛《ながもり》）・石田治部少輔《いしだじぶしょうゆう》（三成《みつなり》）・徳善院《とくぜんいん》（玄以《げんい》）・長束大蔵大輔《なつかおおくらたゆう》（正家《まさいえ》）五人に相定められ、日本国中の儀申しつけおわんぬ」（『義演准后日記』）というように、いわゆる五奉行《ごぶぎょう》へ「日本国中の儀」が命じられている。

そして、それから一〇日あまりたった八月一八日、ついに秀吉は死去する。このことがわかるのは、神龍院梵舜《じんりゅういんぼんしゅん》の日記『舜旧記《しゅんきゅうき》』八月一八日条に「太閤御死去とうんぬん」と記されているからだが、ただ不思議なことに『義演准后日記』はこの事実にふれていない。また、これから数ヶ月たった『義演准后日記』慶長四年（一五九九）正月五日条によれば、「旧冬《きゆうとう》までは隠密《おんみつ》」「御葬礼《そうれい》もこれあるべきかとうんぬん、今に伏見の御城に御座《ござ》」とみえ、その死は少なくとも年末までは隠密にされ、遺体もそのまま伏見城内に安置されていたことがわかる。

したがって、梵舜だけがなぜその日のうちに秀吉の死という事実を日記に書きえたのか不可解といわざるをえないが、いずれにしても、秀吉が慶長三年八月一八日に「六十二歳」（『当代記』）で死去したことはまちがいなかった。そして、善光寺如来はその日の前日に帰座させられていた。

善光寺如来の帰座

この善光寺如来の帰座に関する記録はいくつか残されているが、たとえば、『義演准后日記』八月一七日条には「善光寺如来、大仏より本国へ今暁《こんぎよう》にわかに帰座」とみえ、また宮中《きゆうちゆう》の女官《によかん》が記した日記『御湯殿上日記《おゆどののうえのにつき》』同日条でも「善光寺の如来、太閤よりもとのごとく信濃《しなの》へ今日かえし参らせられそうろうよしなり」（原文、ひらがな）とみえる。

いずれも淡白な記事としかいいようがないが、そのようななかにあって、公家《くげ》の山科言《やましなとき》経《つね》が記した日記『言経卿記《ときつねきょうき》』はややくわしく、その八月一六日条によれば、「善光寺如来今日申《さる》の刻《こく》（午後四時ころ）に太閤より本国甲斐国《かいのくに》へあるべきのよし御朱印《ごしゅいん》これありとうんぬん、明朝なり」とあり、ここから帰座の決まったのが一六日の夕刻であったこと、またその出発が翌日の早朝に予定されていたことなどがわかる。

『言経卿記』によれば、このことを聞きつけた人びとは夜分にもかかわらず、その日のうちに「貴賤群集《きせんぐんしゅう》」したという。ここからも善光寺如来がよほど人びとをひきつけてやまない存在だったことがうかがえよう。したがって一七日の早朝、善光寺如来は、人びとが見物するなかを大仏殿をあとにすることとなった。

もっとも、そのありさまは、『舜旧記』が「路次《ろじ》の義、にわかにより勘《かん》（簡）略《りゃく》」と記すように、遷座のときとは比較にならないほどあっさりとしたものだったようである。また、『当代記』には、「善光寺如来にわかに下向《げこう》す、町伝《まちづた》えに信州《しんしゅう》本善光寺へこれを送る、路次中にて脇仏《わきぶつ》は散々《さんざん》の体《てい》なり」とみえ、本当かどうかはわからないが、「町伝え」で送りかえされたという。

いずれにしても、善光寺如来の帰座は「にわかに」決められ、実行に移されたことがわかるが、結果として秀吉が亡くなる前日にはなったものの、それは秀長のときと同様、病気の平癒という奇跡がおこることを期待したものだったのだろう。

実際、それを裏づけるように、この帰座にかかわっても「善光寺如来上《のぼ》りたまいて後、太閤ほどなく病気のあいだ、不吉《ふきつ》の兆《きざし》とてかくのごとし」(『当代記』)とか、「御大病のみぎり、右の御祟《おんたた》りにやと奥向《おくむき》より仰《おお》せ出《い》だされ、にわかにその沙汰《さた》におよび、出京《しゅっきょう》したまう」(『本阿弥行状記《ほんあみぎょうじょうき》』)と、これまた秀長のときと同じように「不吉の兆」や「御祟り」と関連づけられている。

しかし、結局のところ、このような「不吉の兆」や「御祟り」をおこす善光寺如来の霊力をもってしても秀吉を死の淵からすくい出すことはできず、その日の翌日、秀吉は亡くなってしまったのであった。

大仏堂供養

ところで、秀吉が亡くなってから四日たった八月二二日、ふたたび本尊を失った大仏殿で大規模な法会がおこなわれた。時期が時期だけに、この法会を秀吉の葬礼とみるむきもあるが(3)、おそらくそうではないだろう。

というのも、先にも少しふれたように、秀吉の遺体は死後もながく伏見城内に安置されたままであり、またその目的はなにより葬礼をおこなわないためだったからである。そのようになった理由については後にくわしくふれたいが、仮にそのことにふれなくても、この法会は、『言経卿記』や『御湯殿上日記』が明記しているように、大仏殿の完成を祝う「大仏堂供養《だいぶつどうくよう》」にほかならなかった。

実はこの大仏堂供養も「にわかに」決められたようで、『義演准后日記』でも七月一七日条に突然、「大仏供養近日」と登場し、また一九日条でも「大仏供養御急ぎ」、そして二一日条には「大仏供養来る十日・十二日日取《ひど》り」と記されている。

そのため、「入峰《にゅうぶ》」（修験道《しゅげんどう》の霊山《れいざん》として知られる大和国大峰山《やまとのくにおおみねさん》に入り修行すること）を用意していた照高院門跡道澄《しょうこういんもんぜきどうちょう》などは、「にわかに善光寺堂供養につき、これを略」（『義演准后日記』）さねばならなくなったが、それもそのはず、日程が「善光寺供養来月廿二日に相定」まったことをつたえる『義演准后日記』七月二六日条にみえるように、道澄は今回の法会の導師《どうし》にさだめられていたためであった。

ちなみに、義演は呪願《じゅがん》（呪願師《じゅがんし》）とさだめられていたが、それは義演にとって「前年以来のとおりなり、もっとも本望《ほんもう》」（『義演准后日記』）のことであったという。義演としては、ここでようやくここ数年ののぞみがかなえられたわけだが、それでも文禄五年のときは大地震によって、また慶長二年には善光寺如来の遷座や大施餓鬼会《せがきえ》の実施によって二度にわたって日程まで決められながらその直前で延引や中止となってきたことを思うと、本尊が失われたなか堂供養だけがおこなわれたことについては不思議な感じがしないでもない。

しかし、それは、これまで日程を左右してきた秀吉の存在がその死によってなくなってしまったことによるものであり、それとともに、その死が隠密にされていたため、逆に予定どおりに法会をおこなわなければならないという豊臣政権側の事情もあったのだろう。いずれにしても、このようにして、文禄五年ころにはすでに完成をみていた大仏殿は、皮肉なことに、もっとも肝心な本尊と施主《せしゅ》である秀吉を失うことによって、ようやく堂供養の日をむかえることができたのであった。

2　大仏鎮守、新八幡、豊国

大仏鎮守

大仏堂供養がおこなわれてから一〇日あまりたった九月のはじめころ、義演はその日記『義演准后日記』九月二日条に「今日奉行衆《ぶぎょうしゅう》大仏本尊造立《ぞうりゅう》の儀に遣《つか》わさる」という記事を記している。また、それから五日後の九月七日条には「大仏東山《だいぶつひがしやま》に八棟《やつむね》作りの社頭《しゃとう》建つ、北野《きたの》社《しゃ》のごとしとうんぬん、徳善院《とくぜんいん》（玄以）昨日罷《まか》り越《こ》し縄張《なわば》りす」という記事を記している。

奉行衆や所司代《しょしだい》玄以といった人びとの動きからも読みとれるように、この時期、豊臣政権内で地震によって失われた大仏の再建計画がもちあがっていたことがわかると同時に、その「大仏東山」に「北野社」（北野《きたの》天満宮《てんまんぐう》）のような神社を建立するという計画も動き出していたことが知られる。

この神社こそ、後の豊国社《とよくにしや》につながる神社であるが、ただこの段階では義演は大仏の「本願《ほんがん》」である木食応其《もくじきおうご》より、この神社が「大仏山寺《だいぶつやまでら》に鎮守《ちんじゆ》」、つまり大仏殿や大仏を守る鎮守として建立される予定であると聞かされている（『義演准后日記』）。

よく知られているように、東大寺大仏殿には東大寺《とうだいじ》八幡宮《はちまんぐう》（手向山八幡宮《たむけやまはちまんぐう》）という鎮守が創建当初より建立されているので、おそらく本尊の大仏再建と同時に鎮守の建立も計画されたのだろう。

それからしばらくして、義演は木食応其よりこの大仏鎮守建立のための地鎮《じちん》の儀式をとりおこなうよう要請され、九月一五日にそれをすませている（『義演准后日記』）。また、「十六日、柱立つとうんぬん、同じく十二坊《じゆうにぼう》建立す、諸大名としてこれを建てらる」と『義演准后日記』にはみられるので、地鎮の翌日にはさっそく柱立《はしらだて》の儀式もおこなわれ、「十二坊」におよぶ坊舎《ぼうしや》の建立計画もなされていたことがわかる。

ここにみえる「諸大名としてこれを建てらる」という記述からは、大仏や大仏殿のときと同様、大仏鎮守の普請《ふしん》や造作《ぞうさ》もまた諸大名による手伝普請《てつだいふしん》であったことがわかる。が、

図23　北野社（『上杉本洛中洛外図屏風』　米沢市上杉博物館蔵）

残念ながらその具体的なようすとなると大仏殿のとき以上に史料が少なく、なにひとつわからない。

ただ、「北野社のごとし」という記述から、そのすがたは北野天満宮のようなものをめざしていたこと、また北野社は山門延暦寺《さんもんえんりゃくじ》の横川《よかわ》の末寺《まつじ》・末社《まつしゃ》であったので、大仏殿と同様、顕密仏教《けんみつぶっきょう》、とりわけ天台宗《てんだいしゅう》の色彩を帯びた建造物になる予定だったことがうかがえよう。

一二月に入ると、『義演准后日記』には「大仏鎮守遷宮《せんぐう》来る十八日」というような記事がみえ、すでに遷宮が可能なほどに神社の建立がすすんでいたことが知られる。九月から普請をはじめたとしてもおそるべき突貫工事《とっかんこうじ》によって大仏鎮守の建立がすすめられたことがうかがえるが、遷宮の予定されていた日の一二月一八日の『義演准后日記』には、つぎのような記事も見いだすことができる。

大仏鎮守へ家康はじめ諸大名参詣す、今日大閤御所（秀吉）の御忌日《きじつ》か、今に披露《ひろう》なきゆえ、治定《じじょう》知らず、

この日、家康をはじめとした諸大名が伏見より大挙して大仏鎮守に参詣したという。参詣という以上、すでになんらかの神事もはじめられていたと考えられるが、ここで家康も参詣していることから、大仏鎮守の建立が豊臣家による事業というよりむしろ、家康を筆頭とするこの時期の豊臣政権によってすすめられた事業であったことが知られよう。

ちなみに、この日は秀吉の月命日《つきめいにち》にあたる日だが、それと遷宮とがどのように関係していたのかまでは読みとれない。ただ、この日が秀吉の命日＝「御忌日」にあたることはすでに知られていたようで、それを豊臣政権はいまだ公式には「披露」していなかったことも知られよう。

大仏鎮守、大仏の社、新八幡社

ところで、この一二月一八日に家康ら諸大名が大仏鎮守に参詣したころを境にして、神社の性格に微妙な変化がおこりつつあったことが史料から読みとれるようになる。たとえば、それは、「徳善院《とくぜんいん》（玄以）、大仏の地社のことにつき、二位《にい》（吉田《よしだ》兼見《かねみ》）のところへ入り来たる」といった記事であるが、これは神龍院梵舜《じんりゅういんぼんしゅん》の日記『舜旧記《しゅんきゅうき》』の一二月一九日条に記されているものである。

ここで登場してくる「二位」とは梵舜の兄であり、また吉田社《よしだしゃ》の神官にして公家でもあった吉田兼見のことである。したがって、この記事から所司代玄以が「大仏の地社」にかかわって兼見と会合していたことが知られる。また、二四日には、梵舜自身も伏見へ行き、家康から「大仏の社のこと」について「尋ね」をうけている。

「大仏の地社」とか「大仏の社」とよばれていることからもわかるように、この段階においても、普請中の神社が大仏と関係をもちつつ存在していたことが読みとれる。が、それと並行して、兼見や梵舜など吉田《よしだ》神道《しんとう》（唯一神道《ゆいいつしんとう》）の影響もおよびつつあったことが知られよう。

吉田神道といえば、兼見や梵舜の先祖にあたる吉田《よしだ》兼倶《かねとも》によって室町時代末期に創始された比較的新しい神道として知られている。

その吉田神道がどのような理由で今回新たに建立される神社とかかわりをもつように

図24　吉田社
（『上杉本洛中洛外図屛風』　米沢市上杉博物館蔵）

なったのかについてはさだかではない。しかし、『言経卿記』一二月二五日条をみてみると、言経が、神社の「神職《しんしょく》」をのぞむ「楽人《がくじん》備前守《びぜんのかみ》」こと、多忠季《おおのただすえ》のために「吉田二位弟神龍院に談合」したり、また「吉田・神龍院らへ書状」をしたためたりしていたことが読みとれる。ここからは、兼見や梵舜が大仏鎮守の人事権などをもつようになっていたことがうかがえよう。

ちなみに、言経は大仏鎮守のことを「東《ひがし》山新八幡社《やましんはちまんしゃ》」と記している。言経のところへは、多忠季のほかにも「新八幡社社僧《しゃそう》」をのぞむ「東寺《とうじ》少納言《しょうなごん》」なる僧もおとずれているが（『言経卿記』）、このようなことを含め『言経卿記』ではほぼ一貫して「新八幡社」「東山新八幡社」、あるいは「東山新社《ひがしやましんしゃ》」「新社」というよび名がつかわれている。

それに対して、『義演准后日記』では「大仏鎮守」というよび名がつかわれており、また『舜旧記』では「大仏の地社」「大仏の社」、あるいは「大仏の新社」というのがつかわれている。おのおのの情報源の違いによるものだろうが、日記の書き手によってそのよび名が異なっているようにもみえる。

しかし、義演が翌慶長四年（一五九九）二月二五日に大仏千僧会《だいぶつせんぞうえ》に出仕したついでに神社を見物に行った際には、「新八幡宮《しんはちまんぐう》見物」と記していることからすれば、それらはむしろ神社のよび名がいまださだまっていなかったことを示すものといえよう。

秀吉を神に祝う

あけて慶長四年の正月五日に記された『義演准后日記』には、この間の事情をつたえるきわめて重要な記事を見いだすことができる。その記事とは具体的にはつぎのようなものである。

伝え聞く、五人の御奉行衆《ぶぎょうしゅう》、元結《もとゆ》いを払うとうんぬん、太閤御所（秀吉）御遠行《えんこう》、旧《きゅう》冬《とう》までは隠密のゆえにその儀なし、高麗国《こうらいこく》の群兵《ぐんぴょう》ひき取るのあいだ、披露の体《てい》なり、大仏に鎮守建立、神に祝《いわ》いたてまつるとうんぬん、今日の風聞《ふうぶん》、御葬礼もこれあるべきかとうんぬん、今に伏見の御城《おしろ》に御座《ござ》とうんぬん、御掟《おんおきて》いささかも異《こと》ならず、聞くところによれば、浅野長政《あさのながまさ》や石田三成《いしだみつなり》ら五人の奉行衆が(4)「元結い」(髪をたばねた結びひも)を切り、出家するということだ。(5)それは主君である太閤秀吉が「遠行」(亡くなった)したためだが、年末まではそのことを「隠密」にしていたので、これまでそうすることをはばかっていた。

また、秀吉が亡くなったこともこれまで「披露」してこなかったが、それは「高麗国」(朝鮮半島)に出陣している兵たちの撤収《てっしゅう》を待っていたためだった。そして、亡くなった秀吉は、大仏を守る鎮守として神に祝われる(まつられる)ことになったという。

うわさでは、「葬礼」もおこなわれるということだが、その遺体はいまだ「伏見の御城」内に安置されたままとのことだ。いずれも、秀吉が生前にさだめた「御掟」にしたがわぬものである、というのが右の史料の語る内容である。

ここからはいくつもの注目すべきことがらが読みとれるが、まず第一に、秀吉の死がその死後およそ半年もたってようやく公表されたこと、またこれまでその事実を隠密にしてきた理由が朝鮮半島で展開されていた対外戦争=慶長の役《えき》に従軍していた全軍を撤収させるためであったこと、つまり豊臣政権が秀吉の死というものをどのようにあつかってきたのかがあきらかとなる。

そして、そのうえで、第二に、亡くなった秀吉を神に祝うことになったこと、しかもそれはこの間、急ピッチで普請がすすめられてきた大仏鎮守の神として祝うことになったことも知られよう。

ちなみに、義演はここで、葬礼のことや秀吉の遺体が土葬《どそう》や火葬《かそう》にもされずに伏見城に安置されていたことについてもふれているが、一見すると何の関係もないようにみえるこれらのことが実は秀吉を神に祝うことと深い関係にあった。

というのも、中世では、人を神として祝うにあたって、葬礼をおこなったり、遺体を土葬や火葬にしてはならないと考えられていたからである。たとえば、葬礼については、後に家康が神に祝われるときにも問題となっており、『言経卿記』元和《げんな》元年（慶長二〇年、一六一五）四月一七日条が記しているように、「前大樹様《さきのたいじゆさま》（徳川家康）神に祝い申しそうらわば、御葬礼はこれあるべからず」と認識されていたことが知られている。

また、遺体を土葬にしたり、火葬にしたりすることもさけられていたようで、とりわけ火葬は、第一章でふれた信長の例からもわかるように、仏《ほとけ》になる儀礼でもあったため、厳におこなわれなかった。実際、家康の遺体も土葬にも火葬にもされず、亡くなったその日の「晩時際《ばんじきぎわ》に久能《くのう》へ渡したてまつる」（『本光国師日記《ほんこうこくしにつき》』）と、駿府城《すんぷじよう》から駿河国《するがのくに》久能山《くのうさん》へ移されている。

これらのことからもわかるように、秀吉の遺体がその死後も伏見城内に安置され、葬礼もおこなわれなかったのは、その死を隠密にしておくこと以上に秀吉を神として祝うために必要なことであった。

しかも、それらが「御掟」によるものだったのだとすれば、なおさらのことであり、先にもふれたように、秀吉が亡くなった直後の慶長三年（一五九八）八月二二日に大仏殿でおこなわれた法会が秀吉の葬礼であるということなどは、この点からもありえなかったのである。

秀吉の「遺言」

ところで、その「御掟」であるが、具体的な内容については、先の『義演准后日記』にみえる以上のことはわからない。が、これにかかわるものとしては、秀吉がいい残したとされる「遺言」の存在が知られている。

一般にこの時代の人びとが遺言を残すことが多かったのかどうかはさだかではないが、秀吉の場合、複数の史料にその遺言が記録されている点に特徴がみられる。その遺言を知られる範囲でならべてみるとつぎのようになる。

遺言に、阿弥陀《あみだ》の岳《たけ》に大社《たいしゃ》に祝われたきとのことにて、徳善院《とくぜんいん》（玄以）、伝奏衆《でんそうしゅう》して

披露申す、

（『御《お》湯殿上日記《ゆどののうえのにっき》』慶長四年三月五日条、原文はひらがな）

太閤秀吉公を神に崇《あが》めたてまつるに、八幡大菩薩堂《はちまんだいぼさつどう》と号するなり、しかしながらかの遺言によりかくのごとし、

（『当代記』慶長四年条）

秀吉公新八幡《しんはちまん》と祝い申すべきよし御遺言にそうろう、

（『伊達日記《だてにっき》』下）

豊臣殿御老年の後、御他界そうらわば、新八幡宮《しんはちまんぐう》と祝われたきよし、御内々《ないない》御願いこれあり、

（『本阿弥行状記《ほんあみぎょうじょうき》』下巻）

最後に太閤様は、みずからの名を後生につたえることをのぞみ、まるでデウスのように崇められることを希望して、〔日本全土で（通常）おこなわれるように〕遺体を火葬

することなく、入念にしつらえた柩《ひつぎ》におさめ、それを場内の遊園地に安置するようにと命じました。こうして太閤様は、以後は神（中略）の列に加えられ、シンハチマン、すなわち、新しい八幡と称されることを望みました。

（『フランシスコ・パシオ師の「太閤秀吉の臨終」についての報告』）

太閤様が自分の死後に、希望として命じた他の諸々《もろもろ》のなかで、おのれに対する主要なことはつぎのことであった。（おのれの）死亡が民衆のなかにつたわったとき、神となり、そして新八幡と名づけられるようにせよ、と。

（『十六・七世紀イエズス会日本報告集』）

最後のふたつは当時来日していたキリスト教宣教師による外国語史料であるから、ここからも秀吉の遺言が相当流布していたことがうかがわれる。また、全体的な特徴としては紙に書かれたようなものではなく、口頭によるものだったこともわかる。

そして、これも全体を一見すればあきらかなように、その内容とは、みずからの死後、神に祝われることを秀吉自身がのぞんでいたということになる。つまり、秀吉を大仏鎮守の神として祝うことになったのは、秀吉の遺言にしたがったものだったのである。

ちなみに、日本語史料のほうには記されていないが、外国語史料のほうをみてみると、秀吉の遺体が火葬されず、伏見城内に安置されていたのも秀吉の遺言によるものであったことがわかる。

もっとも、みずからの死をその半年後に、しかも朝鮮半島に従軍した兵たちの撤収を待って公表するようにとまではさすがにいい残してはいないが、それでも先にみた『義演准后日記』の記事の後半部分は秀吉の遺言にもとづくものだったとわかるので、「御掟」とは、つまるところ右のような秀吉の遺言をさすものだったことがあきらかとなろう。

新八幡

それでは、秀吉はその死後、どのような神として祝われることをのぞんでいたのだろうか。実はそれも遺言から読みとることができるが、その神とは、新八幡＝「シンハチマン」、すなわち、新しい八幡」(『フランシスコ・パシオ師の「太閤秀吉の臨終」についての報告』)というものであった。

先に『言経卿記』や『義演准后日記』で、大仏鎮守が「東山新八幡社《ひがしやましんはちまんしゃ》」や「新八幡宮《しんはちまんぐう》」ともよばれるようになっていたことについてふれたが、それは秀吉の遺言にもとづくものであったことがわかる。それは同時に、慶長三年の年末ころには、秀吉の死や遺言の内容がすでに外部にもれだしていたことも示すものといえよう。

ちなみに、ここでもまた、これまでみてきた「新」紫野《むらさきの》、「新」大仏、「新」多武峰《とおのみね》、「新」善光寺《ぜんこうじ》などと同様に、すでに存在する寺社や神仏に「新」の文字を冠した「新」八幡というものが登場してきたことが読みとれる。が、それにしてもなぜその神が「新」八幡（八幡神《はちまんしん》、八幡大菩薩《はちまんだいぼさつ》）だったのだろうか。

この点については、阿弥陀仏《あみだぶつ》が人をすくうため神のすがたとなったのが八幡であるところから、それと大仏鎮守の建立された阿弥陀ヶ峰《あみだがみね》とのあいだに何らかの関係があるのだろうとか、また八幡は天照大神《あまてらすおおみかみ》とともに天皇家の始祖神《しそしん》ともされているので、それを秀吉は略奪しようとしたのだろうといった指摘もみられる。[6]

しかし、それらのことを裏づけるような史料は見つかっておらず、またむしろ史料の語るところにしたがえば、先に引用した『フランシスコ・パシオ師の「太閤秀吉の臨終」についての報告』や『十六・七世紀イエズス会日本報告集』の後半部にみえるように、「八幡は、往昔《おうせき》のローマ人のもとでの（軍神）マルスのように、日本人の間では軍神として崇められていた」とか、「日本人のもとでは戦争のデウスのこと」と八幡が武人《ぶじん》の守護神、軍神として信仰されていた点にその理由をもとめるほうがはるかに自然であろう。

秀吉もまた武人のひとりであり、八幡を信仰していた可能性は高い。実際、『当代記《とうだいき》』

によれば、天正《てんしょう》一七年（一五八九）に生まれ、天正一九年に亡くなった秀吉の遺児《いじ》お鶴《つる》は「八幡太郎《はちまんたろう》」ともよばれていたことが知られているからである。

ただし、もしそれだけの理由であったならば、新八幡となる秀吉をわざわざ大仏の近くに祝う必要というのはなかったであろう。神社を建立するにしても、もっと適当な場所が京都にかぎったとしても数多くあったと考えられるからである。

したがって、問題のたてかたとしては、むしろ逆に、なぜ大仏の近くに新八幡として秀吉は祝われる必要があったのかとしたほうが適当である。

そうすると、神となった秀吉がまつられる予定の神社が創建当初より大仏鎮守、つまりは大仏・大仏殿を守護する鎮守とよばれていたという事実や、また奈良時代の天平勝宝《てんぴょうしょうほう》元年（七四九）に東大寺の大仏建立を助けたとされる豊後国宇佐八幡《ぶんごのくにうさはちまん》がその鎮守＝東大寺《とうだいじ》八幡宮《はちまんぐう》（手向山八幡宮《たむけやまはちまんぐう》）として勧請《かんじょう》されたという事実などがうかびあがってこよう。

すでにみたように、東山大仏＝新大仏は東大寺大仏のかわりとして秀吉によって建立されたものだった。したがって、そこにもし鎮守を建立するとなれば、その神の名として八幡が浮上するのはむしろ当然であった。このことからもあきらかなように、新大仏の鎮守として新八幡に祝われたい、これこそが秀吉がみずからの遺言に託したのぞみだったと考えられるのである。

豊国社の成立

このようにして、秀吉を大仏鎮守＝新八幡として祝う準備は着々とすすめられ、二月二五日には「社頭《しやとう》およそ出来《しゆつたい》、楼門《ろうもんか》過半《はん》出来」（『義演准后日記』）と、社殿も完成に近づきつつあったことがわかる。

また、三月五日には、先に引用したように所司代玄以より天皇や朝廷《ちようてい》に対して秀吉の遺言が正式に披露される。そのことをつたえる『御湯殿上日記《おゆどののうえのにつき》』によれば、披露をうけた朝廷側は、「前々《まえまえ》の例などそうらわんまま、よくよく御勘《かんが》えそうらいて、よくそうらわんよし仰《おお》せ出《い》だサるる、吉田（吉田《よしだ》兼見《かねみ》）などへ御談合のよしあり」（原文、ひらがな）と前例をよく調べ、吉田兼見らと談合するようにとの指示をくだしている。

このことからも、大仏鎮守がすでに吉田神道の影響下にあったことが知られる。実際、同じ三月ころには、「今度大仏鎮守、吉田神主《よしだかんぬし》（兼見）存知《ぞんじ》」（『義演准后日記』）という記事もみることができる。この場合の「存知」とは、管理や支配を意味するから、神社としての大仏鎮守は完全に兼見や梵舜ら吉田神道の管理下にあったといえよう。

そして、それからおよそ一月《ひとつき》たった四月一三日の夕刻、「大閤御所（秀吉）、伏見御城より大仏阿弥陀カ峰《あみだがみね》にこれを移したてまつる、隠密なり」（『義演准后日記』）とあるように、ついに秀吉の遺体は伏見城を出て、大仏の東にそびえる阿弥陀ヶ峰に移されることになる。

このことは外国語史料でもみることができ、それによれば、「安置され腐敗した遺骸は埋葬地にあった場所からこの新しい廟《びょう》に移された。そしてそこに像が置かれ、一同はそれをデウスとして礼拝し崇敬せねばならなかった」（『十六・七世紀イエズス会日本報告集』）という。

これらのことからも秀吉の葬礼がおこなわれていなかったことはあきらかといえるが、それとともに、一般によく語られている秀吉の遺体が死後すぐに阿弥陀ヶ峰に移されたという話がいかに根拠のないものであるのかがあきらかとなろう。

図25　秀吉の廟
（『洛外図』　奈良県立美術館蔵）

ちなみに、現在、阿弥陀ヶ峰には秀吉の墓が巨大な五輪塔《ごりんとう》として建っている。が、これはこのときに建てられたものではなく、はるかにくだって明治《めいじ》三〇年（一八九七）に墓が改葬された際に建てられたものである。(7)

秀吉の遺体が移された慶長四年ころの状況というのは史料がなく、ほとんどわからないが、ただ若干時代がくだって江戸時代前期に描かれたいくつかの洛中洛外図屛風《らくちゅうらくがいずびょうぶ》（佐渡《さど》妙法寺《みょうほうじ》蔵『洛中洛外図』や奈良《なら》県立美術館《けんりつびじゅつかん》蔵『洛外図』など）には阿弥陀ヶ峰の頂上に瓦葺《かわらぶ》きの小さな堂舎《どうしゃ》をみることができる。おそらく秀吉の遺体は、この堂舎＝廟におさめられたのだろう。

いずれにしても、こうして秀吉の遺体も移され、ことは遷宮《せんぐう》（神体を神殿へと移すこと）へとひたすらむかっていたことがわかる。実際、それから三日後の一六日には仮殿遷宮《かりどのせんぐう》が、そして翌一七日には朝廷から公家の正親町季秀《おおぎまちすえひで》が宣命使《せんみょうし》としてつかわされ、その宣命が「仮殿前にて」「微音《びおん》」で読まれている（『義演准后日記』）。

宣命というのは、天皇の命令を万葉仮名《まんようがな》で記した独特の文書のことであり、神社でつかわれている祝詞《のりと》などにそのすがたをとどめている。ここで朝廷から宣命使がつかわされたのは、中世では新たな神社や神をまつる際には天皇の許可＝勅許《ちょっきょ》が必要とされていたからである。そして、さいわいこのときの宣命（『押小路文書《おしこうじもんじょ》』）もつたわっている。

つぎがその原文の一部であるが、このままではたいへん読みにくいので、読み下しとその現代語訳をならべてみると以下のようになろう。

振兵威於異域之外比、施恩沢於卒土之間須、行善敦而徳顕留、身既没而名存勢利、崇其霊氏、城乃南東尓大宮柱広敷立氏、吉日良辰乎、撰定氏、豊国乃大明神止上給比治賜布、

兵威《へいい》を異域《いいき》の外《そと》に振るい、恩沢《おんたく》を卒土《そつと》の間《あいだ》に施す、善《ぜん》を行《おこな》うこと敦《あつ》くして徳顕《とくあらわ》る、身《み》既《すで》に没《ぼっ》して名《な》存《ぞん》せり、その霊《れい》を崇《あが》めて、城《じょう》の南東に大宮柱広《おおみやはしらひろし》敷く立て、吉日良辰《きちじつりょうしん》を、撰《えら》び定《さだ》めて、豊国《とよくに》の大明神《だいみょうじん》と上《あ》げ給《たま》い治《おさ》め賜《たま》う、

秀吉は、「兵威」（兵馬《へいば》の勢い）を「異域」（異国）にまでふるい、恩恵を地のつづくかぎりほどこした。その善行により徳があらわれ、その身はすでに失われてもその名は残されている。その霊をうやまい、「城」（平安京、京都）の南東に壮麗な神殿をつくり、「吉日」をえらんで、「豊国の大明神」という神号《しんごう》（神としての称号）をたてまつるものである。

これによって神となった秀吉は、豊国大明神とよばれるようになったことがわかるが、しかしそうなると遺言でいい残したように新八幡とはよばれなくなる。問題が生じなかったのかと不安にさえなってくるが、ところが事態はなにごともなかったかのようにすすみ、この後、四月一八日には正遷宮《しょうせんぐう》がおこなわれ、一九日には神としての位である神位《しんい》正一位《しょういちい》がさずけられる。

そして、その日のうちに「家康・輝元《てるもと》（毛利《もうり》）以下諸大名社参《しゃさん》」（『義演准后日記』）し、

大仏鎮守は豊国社《とよくにしゃ》とよばれる神社として正式に成立することになった。

新八幡から豊国大明神へ

ふりかえってみても、先に義演が慶長四年（一五九九）二月二五日に神社を見物に行ったときには、「新八幡宮見物《しんはちまんぐう》」（『義演准后日記』）と記しているので、少なくとも二月末までは大仏鎮守は新八幡宮とよばれるようになると誰もが考えていたにちがいない。

それが四月になって突然、新八幡から豊国大明神へと変化してしまったのにはどのような理由があったのだろうか。この点について史料はつぎのように語っている。

たとえば、『伊達日記《だてにっき》』では「秀吉公新八幡と祝い申すべきよし御遺言にそうらえども、勅許《ちょっきょ》なきによって豊国の明神と祝い申しそうろう」、また『本阿弥行状記《ほんあみぎょうじょうき》』では「新八幡宮と祝われたきよし、御内々《ないない》御願いこれありといえども、日月地《にちげつ》に落ちず、勅許なく」、そして『当代記《とうだいき》』では「大菩薩《だいぼさつ》はいかがあるべきとて、その後、豊国大明神にあらたむ」と。

いずれも、新八幡（新八幡大菩薩）という神号では勅許（天皇の許可）が得られなかったため、豊国大明神になったのだという。史料をみるかぎりでは、たしかに勅許が得られなかったことがその理由と考えざるをえないが、それとともに、三月の段階で「今度大仏鎮守、吉田《よしだ》神主《かんぬし》（兼見）存知《ぞんじ》」（『義演准后日記』）とあるように吉田兼見をはじめとした吉田神道の影響も大きかったであろう。

実際、それを裏づけるように、『豊国大明神臨時祭礼御日記《とよくにだいみょうじんりんじさいれいおんにっき》』という史料には、「御遺言の旨《むね》にまかせ、東山阿弥陀峰《あみだがみね》、地形《じぎょう》平らげ、社壇《しゃだん》を建立し、金銀《きんぎん》を鏤《ちりば》め、甍《いらか》を並べ、軒《のき》を継《つ》ぎ巍々《ぎぎ》堂々《どうどう》として、御身体を宮内《みやうち》に移したてまつる、吉田神主二位兼見うけたまわって、豊国大明神と号す」とあり、豊国大明神という神号をえらんだのが吉田兼見とされている。兼見や吉田神道にとって、なぜ新八幡ではなく、豊国大明神でなければならなかったのか、その理由はさだかではないが、いずれにしても勅許が得られなかったことや、また吉田神道の影響によって秀吉が遺言どおりに新八幡として祝われなかったことだけはまちがいないといえよう。

新八幡と豊国

しかし、それではたして問題はなかったのだろうか。この点については、八幡神は天《あま》照《てらす》大神《おおみかみ》とともに天皇家の始祖神《しそしん》ともされているので、それを掠奪しようとした秀吉に対して天皇や朝廷が抵抗した結果が豊国大明神という神号への変化であるとするみかたもある。[8]勅許が得られなかったというところからのみかたと考えられるが、しかしそのように考える前にまずは新八幡と豊国とのあいだにどのような違いがあったのかについて考える必要があろう。先にもみたように、新八幡というのは「新しい八幡」（『フランシスコ・パシオ師の「太閤秀吉の臨終」についての報告』）という意味だが、それに対して豊国というのは何に由来することばだったのだろうか。

この点についていては、唯一、『豊国大明神臨時祭礼御日記』に記述があるが、それによれば、「日本の惣名《そうめい》を豊葦原中津国《とよあしはらなかつくに》といえるゆえなり」、「太閤秀吉公は、和朝《わちよう》の主《あるじ》たるにより、豊国大明神と号す」ことになったという。つまり、秀吉は「和朝」＝日本の「主」であるので、その日本の別名である豊葦原中津国を略した「豊国」が神号としてえらばれたのであった。

こうしてみると、軍神としての新八幡と日本の別名としての豊国のあいだにはかなりのへだたりのあったことがわかる。しかし、ここであらためて注目しなければならないのが、先にみた豊国大明神という神号が公にされた宣命《せんみよう》の文章についてである。

というのも、そこには不思議なことに豊国ということばが豊葦原中津国に由来するとはひとこともふれられていないかわりに、秀吉が「兵威《へいい》」＝兵馬《へいば》の勢いを「異域《いいき》」＝異国にまでふるい、恩恵を地のつづくかぎりほどこしたその徳をもって豊国大明神という神号をたてまつると記されていたからである。

ここで語られている内容というのは、秀吉の武威《ぶい》（武力の威勢《いせい》、あるいは武家としての威光《いこう》）をたたえたものにほかならないが、それが国内にかぎらず「異域」にまでおよんだことをたたえている点に特徴がみられる。そして、それは、おそらく秀吉によって二度にわたっておこなわれた朝鮮侵略＝文禄《ぶんろく》・慶長《けいちょう》の役《えき》を意味すると考えるのが自然だろう。

なぜこのような内容と豊国ということばがむすびつくのか、宣命だけを読んでいてもよくわからない。ただ以上のことからは、豊国ということばにどうやら豊葦原中津国という日本の別名以外の意味、たとえば武威を下敷きにしたような意味合いがこめられていたと考えることはできよう。

秀吉神格化と豊臣政権

このようにしてみると、新八幡と豊国とのあいだには、表面的なへだたりにくらべて、その意味合いにおいてかなり通ずるものがあったことに気づく。

なぜなら、八幡神（八幡大菩薩）といえば、軍神であると同時に、応神天皇《おうじんてんのう》や仲哀天皇《ちゅうあいてんのう》、そしてその母にして妻である神功皇后《じんぐうこうごう》による三韓征伐《さんかんせいばつ》といった古代の対外戦争にかかわる伝説が思いおこされるからである。

しかも、この伝説に関しては、文禄・慶長の役の日本側の拠点であった肥前国名護屋《ひぜんのくになごや》にむかう秀吉一行がその途中の長門国国府《ながとのくにこくふ》で仲哀天皇・神功皇后の社祠《しゃし》をおがんだということや、また朝鮮へ渡海した武士たちのあいだで神功皇后伝説が浸透していたなど、さまざまな事実もあきらかにされている(9)。

このことからも秀吉を含め豊臣政権のなかでは、文禄・慶長の役という対外戦争と八幡信仰とが深くむすびついていたことがうきぼりとなるが、これに秀吉が亡くなろうとしていた時期を重ねあわせてみるならば、豊臣政権をとりまく状況がいかにきびしいものであったのかが思いおこされよう。

朝鮮半島での戦況から推しても、対外戦争が破綻をきたすのはもはや時間の問題であったし、またそれはそのまま国内にも深刻な影響をあたえていたからである。

その影響の一端が前章でみたさまざまな恠異《かいい》にほかならなかったわけだが、まさにそのような内憂外患《ないゆうがいかん》の危機的な状況のなか豊臣政権によっておこなわれたのが、秀吉の死を隠密にすると同時に、大仏を再建し、そしてその大仏の鎮守として秀吉その人を武威を体現する神（新八幡、あるいは豊国大明神）として祝うことであった。

それはすなわち、この間の動きが、国内に対しては恠異への対応策として、また国外に対してはなお対峙する姿勢を示すものとして、豊臣政権によって選びとられた施策のひとつだったことがうきぼりとなろう。

こうしてみたとき、先に引用した新八幡として祝われたいという秀吉の遺言のいずれもが、『御湯殿上日記《おゆどののうえのにっき》』をはじめとして秀吉の死後にしか確認することができないものばかりであることに気がつく。状況から考えれば、秀吉を新八幡として祝うことは、秀吉本人以上にむしろ残された人びとにとって必要だったのではないだろうか。

もちろんその際、その人びとのなかから徳川家康をのぞく必要はないだろう。というよりむしろ、家康は秀吉死後の豊臣政権を代表する存在として主導的な役割をはたしていたと考えたほうが自然である。

実際、すでにみてきたように、家康はかなりはやい段階から梵舜《ぼんしゅん》ら吉田神道とも接触をもっていたし、また大仏鎮守＝豊国社の普請も家康が諸大名をひきいて参詣することで、その節目節目をむかえていたからである。

こういう点から本書では、秀吉を神として祝うこと＝神格化《しんかくか》の問題を「自己」神格化としたり、また「みずからの意志によって」神になったとする、これまでのみかたにはやや慎重である。

また、従来、秀吉神格化をめぐる議論というのは、ややもすれば静態的《せいたいてき》なものであったり、内むきなものが多かったが、このようにこの時期の豊臣政権をとりまく内外の状況に目をむければ、それがすぐれて動態的《どうたいてき》なものであり、また国の外をも意識した緊急を要するものであったと考えられよう。

いずれにしても、以上のような意味において、本書では、武威の体現者である秀吉を八幡信仰とからめつつ神として祝うことは、豊臣政権にとって危機的な状況に対応する施策として必要かつ緊急な選択だったと考えておきたいと思う。

豊国社と大仏

ところで、先にもふれたように、新八幡と豊国とのあいだにはその表面的なへだたりにくらべて、その意味合いにおいては通ずるものがあったと考えられる。しかし、結果として秀吉が新八幡でなく豊国大明神として祝われたことは、大仏との関係において大きな変化をもたらすことになった。というのも、そのことによって、新たに成立した豊国社は、もはや大仏鎮守ではなくなってしまったからである。

実際、それを裏づけるように、この後、豊国社には神社に付属する「神宮寺《じんぐうじ》」（「豊国神宮寺」、『舜旧記』）という寺院が建てられるし、また豊国大明神だけが大仏と切り離されて諸国・諸大名へと勧請《かんじょう》（神仏の分身をほかの地へ移しまつること）されてゆくようになる。

それはつまり、神となった秀吉と大仏とのあいだの関係が希薄になってしまったことを意味するが、それは同時に、大仏という既存の宗教施設を媒介とせず権力者がそのまま神として祝われるようになったことも意味しよう。

このことが重要な意味をもつのは、『イエズス会日本年報』など外国語史料にしかその事実がみられないとされる織田信長の神格化ですら、安土城内《あづちじょう》に建立された総見寺《そうけんじ》（摠見《そうけん》寺《じ》）という寺院を媒介としたものだったのに対して、(10) 豊国大明神の場合は寺院を媒介としない神として成立したことになるからである。おそらくそれは、吉田神道の影響によってもたらされた結果だったのだろう。

ただし、このように豊国社と大仏との関係が希薄になってしまったからといって、豊臣政権にとって大仏の存在がただちにかえりみられなくなったというわけではなかった。というのも、豊国社の成立後も大仏の再建や伽藍《がらん》の拡充《かくじゅう》などさらなる普請や作事がつづけられることになるからである。

たとえば、『義演准后日記』によれば、豊国社の正遷宮がおこなわれた翌五月には「大仏蓮台《れんだい》の上の宝塔《ほうとう》とり壊す」と、善光寺如来がおさめられていた宝塔がこわされ、そしてそれから五ヶ月たった一〇月には「大仏昨日より銅《どう》を鋳《い》かくる」とあるように、本格的に大仏が金銅仏《こんどうぶつ》として再建されはじめたことが知られる。

また、同じように慶長五年（一六〇〇）三月一八日条には、「大仏に七重塔《しちじゅうのとう》ならびに講《こう》堂《どう》・廻廊《かいろう》以下の縄張《なわば》り」とあり、これまでにはなかった七重塔や講堂、あるいは回廊などの普請も予定されていたことが読みとれる。

ここでなぜ七重塔や講堂・回廊などの計画が出てくるのかといえば、それはこれらのいずれもが奈良時代の東大寺にあった建造物だからである。つまり、ここからこの時期、東山大仏が名実ともに東大寺のかわりとしてあつかわれていたことがうかがえよう。

残念ながらこの伽藍の拡充は、回廊以外は計画どまりに終わったようだが、それでも『義演准后日記』慶長五年五月一二日条には「今度大仏の築地《ついじ》を卅三間《さんじゆうさんけん》の西方に築かる、大仏と一所《いつしょ》になる」とみえ、大仏殿の南にある「卅三間」(三十三間堂《さんじゆうさんげんどう》)を築地でとりこむ計画もなされたことがわかる。

そして、こちらのほうは実行に移される。というのも、江戸時代前期に描かれたいくつかの洛中洛外図屏風《らくちゆうらくがいずびようぶ》(奈良県立美術館《ならけんりつびじゆつかん》蔵『洛外図《らくがいず》』など)には、大仏殿の石垣から南へ築地がのびて三十三間堂をとりかこんでいるようすがみてとれるからである。

ちなみに、この築地の一部は今も太閤塀《たいこうべい》とよばれて残されているが、いずれにしても、このように、豊国社の成立後においてもなお大仏のほうもそれとつり合いをとるかのように再建と拡充がはかられていたことがわかる。それは、すなわち豊臣政権にとって大仏の存在価値がそれ以前とくらべてもけっして失われていなかったことを意味するものといえよう。

豊国社周辺の景観

それでは、完成なった豊国社のようすとはどのようなものだったのだろうか。この点を最後にみておきたいが、しかしながら豊国社は大仏殿以上に跡形もなく失われてしまっているうえ、図面なども残されていないので、その実態はほとんどわからない。

よって、ここでもまた絵画資料などからそのようすをうかがうほかはないが、本書の関心からいえば、豊国社だけが描かれているようなものではなく、大仏もまじえた周辺の景観が描れているものに注目したい。しかも、秀吉の建立した大仏殿のすがたを残しつつ、豊国社も描かれているものとなれば、おのずとそれは、先にみた豊国神社《とよくにじんじゃ》蔵『豊国祭礼《とよくにさいれい》図《ず》』（図9）と奈良県立美術館蔵『洛外図』をおいてほかにはないだろう。

そこで、さっそくそのうちの『洛外図』（図26）をみてみると、まず阿弥陀ヶ峰《あみだがみね》の頂上に瓦葺《かわらぶ》きの堂舎（拡大図は図25）がみえ、その麓《ふもと》の平坦地《へいたんち》に塀でかこまれた殿舎《でんしゃ》の建ちならぶ一画がみえる。おそらく前者が秀吉の廟《びょう》であり、また後者が豊国社であろう。

現在、この一帯は明治《めいじ》三〇年（一八九七）に改葬された秀吉の墓を中心とする豊国廟《とよくにびょう》とよばれる空間となっているが、現在の地形がどこまでさかのぼれるのかがわからないので、『洛外図』にみられる地形との異同については不明といわざるをえない。ただ、それでもまわりとはかなりの高低差のある平坦地が今でも残されているので、おそらくここあたり

図26　豊国社周辺（『洛外図』　奈良県立美術館蔵）

に豊国社が存在していたのだろう。

『豊国祭礼図』と『洛外図』によれば、この平坦地の中央に社殿《しやでん》、そして西端に重層《じゆうそう》（二階建て）の楼門《ろうもん》が描かれている。

社殿は、『義演准后日記』慶長三年（一五九八）九月七日条に「八棟造《やつむねづく》り」「北野《きたの》社《しや》のごとし」と記されていたが、実際、『豊国祭礼図』と『洛外図』をみてみると、北野社（北野《きたの》天満宮《てんまんぐう》）のように本殿《ほんでん》の前に別棟《べつむね》の拝殿《はいでん》がつくられ、そのあいだを石《いし》の間《ま》でつなぐかたちになっていた[11]ことがわかる。

また、楼門のほうは、おそらく慶長四年（一五九九）二月ころに「過半出来《かはんしゅったい》」（大半が完成した）と『義演准后日記』に記された「楼門」にあたるのだろう。この楼門が西をむいているということは、豊国社自体も西面していることになるが、大仏殿も西面しているので、それにあわせたものだったにちがいない。

この楼門の前の石段をおりてゆくと、急な坂道が麓の赤鳥居《あかとりい》までつづいているが、その両側には塀にかこまれた複数の坊舎《ぼうしゃ》もみえる。この坂周辺は、現在、豊国廟の駐車場や京都女子大学のキャンパスの一部となっており、今でもかなりの急斜面である。そのような急斜面の両側に坊舎が建ちならんでいたわけだが、おそらくこれらが、『義演准后日記』慶長三年九月一六日条に記された「十二坊《じゅうにぼう》」のことなのだろう。

もっとも、その十二坊が具体的にどのようなものだったのかについてはさだかではないが、あるいは慶長四年四月ころに「社頭《しゃとう》楼門の下」（『義演准后日記』）に建てられた「大仏の徳善院《とくぜんいん》の寺」（『西笑和尚文案《さいしょうおしょうぶんあん》』紙背《しはい》）とよばれた所司《しょし》代玄以《だいげんい》の寺などもそのひとつだったのかもしれない。

なお、赤鳥居をはさんで両側に建つ坊舎のうち、北側にみえるのが大仏経堂《だいぶつきょうどう》のある妙法院《みょうほういん》、そして南側にみえるのが祥雲寺《しょううんじ》だろう。祥雲寺とは、秀吉の実子お鶴《つる》の菩提寺《ぼだいじ》として建立されたものであるが、同時代の史料がなくその実態はほとんどわからない。(12)そのため、本書でもふれることはしなかったが、現在、智積院《ちしやくいん》が建っている場所がその故地《こち》とされている（『山城名勝志《やましろめいしょうし》』）。

赤鳥居の前には、さきほどの楼門と同じような重層の楼門が描かれているが、これが豊国社の正門にあたるものなのだろう。実はこの門については、『義演准后日記』慶長五年（一六〇〇）五月一二日条につぎのような興味深い記事がみられる。

豊国明神の鳥居の西に、廿間《にじゆつけん》ばかりの二階門建立す、大坂極楽橋《ごくらくばし》を引かれおわんぬ、二階の垂木《たるき》少々出来《しゆつたい》しおわんぬ、中間の二階はなお自《じ》余《よ》よりも高きなり、柱以下ことごとく蒔絵《まきえ》なり、下の重ね円柱《まるばしら》ことごとく黒漆《くろうるし》なり、組物彩色《くみものさいしき》なり、結構《けつこう》目耳を驚かす、

これによって、この楼門が慶長五年ころに建立されたものだったこと、またそれを建立するため大坂城の「極楽橋」をとり壊し、その部材がつかわれたうえ、その柱には「蒔絵」や「黒漆」といった装飾がほどこされ、「組物」にも彩色がほどこされるなど絢爛豪《けんらんごう》華《か》なものだったことが知られる。

もっとも、『豊国祭礼図』と『洛外図』に描かれる楼門をながめてみても、立派な門に

図27　滋賀・宝厳寺観音堂唐門

はちがいないものの、義演が語るほど絢爛豪華にはみえない。この違いはいったいどこからくるのだろうか。そこで注目されるのがつぎのような史料の存在である。

豊国極楽門

今日より豊国極楽門《とよくにごくらくもん》、内府《ないふ》（徳川家康）より竹生《ちくぶ》島《しま》へ寄進により、壊し始《はじ》む、新神門《しんしんもん》、大坂より仰《おお》せられおわんぬ、

これは、『舜旧記《しゅんきゅうき》』慶長《けいちょう》七年（一六〇二）六月一一日条の記事である。これによれば、この日、徳川家康の指示によっ

て「豊国極楽門」という門が近江国《おうみのくに》琵琶湖《びわこ》にうかぶ竹生島へ寄進されるため壊されはじめたことがわかる。また、それにかわって「新神門」の建立が大坂の豊臣家によって命じられたことも読みとれる。

ここに記された内容が事実であったことは、ちょうどこの門が壊されている最中に豊国社を参詣した公家の西洞院時慶《にしのとういんときよし》がその日記『時慶記《ときよしき》』慶長七年六月一八日条に「楼門は壊され、竹生島へ引かるという沙汰《さた》あり」と記しているところからも裏づけられる。

このときなぜ家康が「豊国極楽門」を竹生島へ寄進することにしたのか、その事情まではわからないが、おそらくこの「豊国極楽門」こそが義演がまのあたりにした絢爛豪華な楼門（「二階門」）だったにちがいない。そして、その名もまた大坂城の極楽橋の部材をつかったところからつけられたものだったのだろう。

したがって、『豊国祭礼図』と『洛外図』に描かれた楼門というのは、「豊国極楽門」が竹生島に寄進された後に再建された「新神門」であったことになる。

ちなみに、現在、竹生島には、「豊国極楽門」をもとに建立されたと考えられる都久夫《つくぶ》須麻《すま》神社《じんじゃ》の社殿と宝厳寺《ほうごんじ》(13)の唐門《からもん》が残されている。おそらくこれらが豊国社にあった建造物としては唯一の遺構《いこう》であり、『義演准后日記』の記述がただしければ、極楽橋という秀吉が築城した大坂城にとっても唯一の遺構となろう。

図28　大仏殿と秀吉の墳墓（『洛外図』　奈良県立美術館蔵）

『洛外図』をみてみると、この「豊国極楽門」の後に再建された「新神門」＝楼門の西北側に大仏が、西南側に三十三間堂《さんじゆうさんげんどう》のあったことがわかる。外部からこの門にたどりつくには、三十三間堂をとりこんだ築地《ついじ》（いわゆる太閤塀《たいこうべい》）の一画にもうけられた西むきの単層《たんそう》の門をくぐらなければならなかった。したがって、外部から豊国社に参詣するには、この単層の門をくぐり、右手に三十三間堂をながめながら、正門にあたる「新神門」へとすすまなければならなかったのであろう。

なお、『豊国祭礼図』が描かれたのは、すでにふれたように慶長一一年（一六〇六）ころのことだが、『洛外図』の制作年代ははっきりとはわからない。ただ、『洛外図』に描かれた大仏殿の裏には五輪塔《ごりんのとう》がみえ、これが元和《げんな》二年（一六一六）八月ころ秀吉の「墳墓《ふんぼ》」として「造立《ぞうりゅう》」された「石塔《せきとう》」と確認できるので（『妙法院文書《みょうほういんもんじょ》』）、どれだけはやくてもこのころをさかのぼるものでないことだけはまちがいないといえよう。

註

（1）河内将芳『中世京都の都市と宗教』（思文閣出版、二〇〇六年）、同『祇園祭と戦国京都』（角川叢書、二〇〇七年）。

（2）河内将芳「新多武峰と大織冠遷座——豊臣政権と霊宝に関するノート——」（『立命館文学』六〇五号、二〇〇八年）。

（3）三鬼清一郎「豊国社の造営に関する一考察」（『名古屋大学文学部研究論集　史学33』一九八七年）。

（4）堀越祐一「豊臣「五大老」「五奉行」についての再検討——その呼称に関して——」（『日本歴史』六五九号、二〇〇三年）。

（5）『言経卿記』慶長四年二月四日条によれば、「去る二日に太閤御遺言とて、浅野弾正少弼《あさのだんじょうしょうひつ》（長政《ながまさ》）・増田右衛門尉《ましたえもんのじょう》（長盛《ながもり》）・石田治部少輔《いしだじぶしょうゆう》（三成《みつなり》）・長束大蔵大掾《なつかおおくらだいじょう》（正家《まさいえ》）ら出家なりとうんぬん、伏見の御城にてなりとうんぬん」とみえ、僧体である玄以をのぞいた四人は実際には二月二日に出家したことがわかる。

（6）西山克「豊臣「始祖」神話の風景」（『思想』八二九号、一九九三年）。
（7）津田三郎『秀吉英雄伝説の謎――日吉丸から豊太閤へ――』（中公文庫、一九九七年）。
（8）註（6）参照。
（9）奈倉哲三「秀吉の朝鮮侵略と「神国」」（『歴史評論』三一四号、一九七六年）、北島万次「秀吉の朝鮮侵略における神国思想」（『歴史評論』四三八号、一九八六年）。
（10）朝尾直弘『将軍権力の創出』（岩波書店、一九九四年）。
（11）黒田龍二『中世寺社信仰の場』（思文閣出版、一九九九年）。
（12）そのようななかでも発掘調査の研究成果として、梶川敏夫「祥雲寺客殿跡発掘調査の成果からみた智積院障壁画」（『仏教美術研究上野記念財団助成研究会報告書第二七冊　研究発表と座談会障壁画研究の視点』一九九七年）は注目される。
（13）『国宝都久夫須麻神社本殿修理工事報告書』（国宝都久夫須麻神社境内出張所、一九三七年）。

おわりに

大仏殿のなかでの大仏造立

先にもふれたように、大地震で大破した大仏の再建計画は、秀吉が亡くなってまもなくの慶長《けいちょう》三年（一五九八）九月に動き出した。しかし、実際にその造立《ぞうりゅう》がはじめられるようになるのは翌慶長四年（一五九九）五月のことであった。

このとき、「大仏蓮台《れんだい》の上の宝塔《ほうとう》とり壊す」（『義演准后日記《ぎえんじゅごうにっき》』）とあるように善光寺《ぜんこうじ》如来《にょらい》のおさめられていた宝塔がとり壊されたことがわかるからである。

そして、その年の一〇月に「大仏昨日より銅《どう》を鋳《い》かくる」（『義演准后日記』）と本格的に大仏の鋳造《ちゅうぞう》もはじめられたことがわかるが、しかしそもそも大仏殿のなかでどのようにして金銅仏《こんどうぶつ》が造立されようとしていたのだろうか。

この点については、不思議とこれまで関心がよせられてこなかったが、想像するにその作業というのはむずかしいものだったにちがいない。もっとも、そのようすをくわしくつたえてくれるような史料も残されていないので、実態は不明といわざるをえない。

ただ、そのようななか、つぎの醍醐《だいご》寺《じ》三宝院門跡《さんぼういんもんぜき》の義演《ぎえん》の日記『義演准后日記』慶長五年（一六〇〇）二月一〇日の記事は、その一端を知らせてくれるものとして貴重な史料といえる。

> 大仏本尊御頭、下《した》にてつくりて取りはなし、今日少々これを上げるとうんぬん、弐間《にけん》余りもこれありとうんぬん、胴体《どうたい》は木にてつくり、その上を土にて塗《ぬ》り、その上へ銅をもって鋳かくるとうんぬん、ただし御手・御頭は銅をかけず、ただ木なりとうんぬん、これは重きゆえなり、旧冬《きゅうとう》、台座《だいざ》の蓮華《れんげ》一葉銅をかくるとうんぬん、

右によればまず、二《に》間《けん》余《あま》り（約四メートル）もある頭部が地上でつくられ、後でもち上げられて胴体とくっつけることになっていたことがわかる。また、その頭部は重量がかさむため手とともに木だけでつくられ、残る胴体も木でつくるが、これには土を塗り、その上に銅を鋳かけることになっていたことも読みとれる。

つまりここからは、再建される大仏が胴体以外は木でつくられて、それらをつなぎあわせて完成させるという方法で造立されていたことがあきらかとなる。

もっとも、そのいっぽうで、大仏の乗る台座＝蓮台をかざる蓮華だけは金銅製《こんどうせい》だったようで、「旧冬」＝前年慶長四年一〇月に「銅を鋳かくる」とつたえられていたものとはこの蓮華のことであった。

右の記事からはおおよそ以上のようなことが読みとれるが、さいわいそれから三ヶ月たった五月にも義演は大仏再建のようすをつたえてくれているので、あわせてそれもみてみることにしよう。

大仏台座南方うしろの蓮華を鋳《い》かけ見物す、広大の体《てい》、驚目《きょうもく》しおわんぬ、大尊（本尊）の御胴体、土にて塗ること出来《しゅったい》しおわんぬ、その上へ鋳かくとうんぬん、御髪《おぐし》ならびに左右の御手は木なり、ところどころ仏師《ぶつし》直《なお》しおわんぬ、

右は『義演准后日記』慶長五年五月一二日の記事であるが、ここからはこの三ヶ月のあいだに造立がすすみ、胴体に土を塗る作業から銅を鋳かける作業へと移りつつあったことがわかる。急ピッチで作業がすすめられていたことが知られよう。

このように、『義演准后日記』がつたえる一連の記事によれば、再建されつつある大仏は全体を金銅仏としてつくるのではなく、胴体のみに銅が鋳かけられ、それに木でつくら

れた頭や手をつなぎあわせるものであったことがあきらかとなる。

また、ここでみられる頭や手を木でつくるという方法も、『義演准后日記』が語るように、その重さでそれらが落ちないようにするためにはきわめて現実的なものだったと考えられる。

さらには、胴体を木でつくった後、その上に土を塗る作業にしても、大仏殿のなかでそれをおこなうことは露天での作業よりも思いのほか都合がよかったかもしれない。というのも、大仏殿のなかであれば、胴体に塗った土が風雨にさらされ落ちてしまうようなこともなかったからである。

こうしてみると、大仏殿のなかでの大仏造立というのは思ったほどむずかしい作業ではなかったようにみえる。が、そうみえるのはここまでで、むしろむずかしかったのはこの後の作業であった。

実際、そのために大仏と大仏殿は大惨事をむかえることになるわけだが、そのことについては後でふれることにして、その前に『義演准后日記』につづけて記されるつぎような記事にも注目しておこう。

卅三間千手千体《さんじゆうさんげんせんじゆせんたい》、ともに秀頼《ひでより》（豊臣秀頼）より御修復、これも上人《しようにん》（木食応其《もくじきおうご》）奉《ぶ》

行《ぎょう》す、

実はこの時期、修復されていたのは大仏だけではなく、大地震で破損した「卅三間」（三《さんじ》十三間堂《ゅうさんげんどう》）の「千手千体」（一〇〇〇体におよぶ千手観音像《せんじゅかんのんぞう》）も同じであった。そしてその修復も、大仏の再建とともに、興山上人《こうざんしょうにん》こと木食応其が豊臣秀頼の命によって奉行していた。

ちなみに、この記事の後には、すでにみたように築地で三十三間堂がとりこまれる話や「豊国極楽門《とよくにごくらくもん》」の建立の話などが記されている。ここからも今回の大仏再建事業が単独でなされていたのではなく、寺院としての大仏の伽藍拡充《がらんかくじゅう》や豊国社の普請と一体だったことがあらためて知られよう。

東山大仏殿の炎上

こうして慶長五年のようすだけをみていると、大仏の再建もすぐに完成にたどりつけそうにみえる。しかし、実際にはそれから二年もたった慶長七年（一六〇二）になってもなお完成にはいたっていなかった。そればかりか、その年の一二月には再建途中の大仏と大仏殿を大惨事がおそうことになる。

辰《たつ》の剋《こく》、大仏殿炎上す、本尊鋳《ほんぞんい》かけ、よって本尊の身内《みうち》より焼き出《い》だすとうんぬん、後光《ごこう》へ火つきて、それより堂内へ則時《そくじ》に火炎《かえん》めぐりて、午《うま》の剋《こく》に灰燼《かいじん》になりおわんぬ、

年もおしつまった一二月四日の「辰の剋」（午前八時ころ）、大仏の鋳かけ作業の最中にこともあろうに大仏の胴体より火があがり、その火が「後光」（光背《こうはい》）につくやいなや、またたくまに大仏殿全体にまわってしまった。そのため再建中の大仏だけでなく、大仏殿までもが「午の剋」（正午ごろ）に灰となってしまった。

これは、『義演准后日記』慶長七年一二月四日の記事である。大仏殿に火がつきはじめた時刻については、『鹿苑日録《ろくおんにちろく》』や『舜旧記《しゅんきゅうき》』にも「辰の刻《こく》」とみえ、また焼け落ちた時刻についても、『言経卿記《ときつねきょうき》』に「午の刻」とみえるので、大仏殿はおよそ五、六時間にわたって燃えつづけた後、くずれ去ったことがわかる。

このことを耳にした義演は、「日本六十余州《ろくじゅうよしゅう》の山木《さんぼく》、ただ三時《とき》のあいだに相果《あいは》ておわんぬ、太閤《たいこう》数年の御労功《ごろうこう》ほどなく滅《めつ》しおわんぬ」（太閤秀吉によって日本全国の山木を集めて創建された大仏殿もわずか五、六時間のあいだに消滅してしまった。これで数年にわたる秀吉の骨折りも無駄となった）とその日記『義演准后日記』一二月四日条に記している。

また、相国寺《しょうこくじ》の西笑承兌《さいしょうじょうだい》も「およそ当年にいたるまで十年余《じゅうねんよ》、金銀を費《つい》やし、諸国の人《じん》

力《りょく》を悩まし、これを経営すといえども、一炬《いっこ》に焦土《しょうど》となるは、歎感《たんかん》に堪《た》えず」（これまで十数年にわたって金銀を注ぎこみ、諸国の人びとを悩まし造営をつづけてきた大仏殿がひとつの火によって灰となってしまったことはかなしいかぎりだ）とその日記『鹿苑日録』一二月四日条に記している。

今回の報に接した義演と西笑承兌がともに、その日記に本尊の大仏よりも大仏殿に対する思い入れを記していたことがここからは読みとれる。そして、このように大仏よりも大仏殿のほうに人びとの目が注がれていたという点は東山大仏の特徴といえる。

おそらく秀吉もまたそのように考えていたと本書ではみているが、そのことについては最後にふれることとして、その前に大仏殿が炎上した原因についてもう少しみておくことにしよう。

大仏殿炎上の原因

実はこの点について比較的くわしい状況をつたえてくれているのが、『鹿苑日録』一二月五日条である。そこにはつぎのように記されている。

仏の膝《ひざ》の足代《あししろ》の穴あり、その穴を鋳《い》かくるのとき、金湯《かねゆ》余りを懐中《かいちゅう》に入れ、身内全身火となり焼け上がる、仏の背に二尺《にしやく》の風穴《かざあな》あり、それより火出《い》でて、光《こう》（後光《ごこう》）につきて、後光の仏みな焼却して堂裏《どうり》に落つ、そのとき堂裏四方に煙籠《こ》め前後を失《しつ》す、満《まん》地《じ》に火を放ち縦横《じゆうおう》となる、

大仏のひざには足代（足場）をささえる穴があけられていたらしい。その穴を埋めようと銅を鋳かけたとき、あやまって金湯余り（溶けた銅の余り）が大仏の胴体のなかに入ってしまった。それで全身に火がまわり、その火が大仏の背中にあけられていた二尺（約六〇センチメートル）ほどの風穴から光背《こうはい》（後光）へとまわり、焼け上がった光背が大仏殿に延焼し全焼へといたったことが読みとれる。

大仏殿のなかでの鋳造というのがやはりむずかしい作業だったことがここからも知られるが、それにしてもなぜ西笑承兌はこのようにくわしい状況をその日記に記すことができたのだろうか。

そのこたえは、この日、彼が火事見舞におとずれたのが文殊院《もんじゆいん》という僧のもとであったところにある。というのも、この時期、大仏再建を奉行していたのがその文殊院だったからである。つまり右に記された内容は文殊院から直接聞いた話だったわけだが、ところが

先にもふれたように、今回の大仏再建を奉行していたのは木食応其だったはずである。それがいつ文殊院へとバトンタッチされていたのか、このあたりの事情については、つぎの『義演准后日記』一二月四日条をみてみるとよくわかる。

最初興山上人《こうざんしょうにん》（木食応其《もくじきおうご》）奉行せしめて、台座《だいざ》の蓮華《れんげ》、御膝《ひざ》のあたりまで鋳おわんぬところに、天下《てんか》大乱《たいらん》につき、上人隠遁《いんとん》、よって文殊院申し請《こ》い奉行し、鋳たてまつりおわんぬ、

すなわち、木食応其は台座の蓮華や大仏のひざあたりまでの鋳造をおこなったところで、「天下大乱」によって「隠遁」し、かわってその弟子の文殊院が大仏再建を奉行することになっていたのであった。

ここにみえる「天下大乱」とは、いうまでもなく慶長五年（一六〇〇）におこった関ケ原《せきがはら》の戦いのことだが、『当代記《とうだいき》』慶長六年条によれば、「去年木食（応其）は石田治部《いしだじぶ》（三成《みつなり》）一味せしめ、方々敵城をこしらえられし罪により牢籠《ろうろう》せらるなり、この文殊院は木食弟子なり」とみえ、木食応其が石田三成に味方したために「隠遁」に追いこまれたとされている。

木食応其が実際に三成に味方したのかどうかという点については議論の分かれるところ(1)で、慎重な検討が必要と思われる。しかし、慶長六年五月には「大仏遍照院《へんじょういん》以下、興山上人奉行どもことごとく去」（『義演准后日記』）ってしまっており、大仏の作事をささえつづけてきた技術者集団の指揮監督のありかたそのものに、このとき大きな変化がおこったことだけはまちがいないといえよう。

おそらくはこのようなことがあったために、慶長五年にみられた大仏再建の勢いも急速におとろえることになったと考えられる。こうしてみると、今回の大惨事は直接的には小さなミスでおこったようにはみえても、実際のところはもっと大きなところにその原因があったとみるべきであろう。

いずれにしても、このようにして秀吉によって建立された大仏殿は、天正《てんしょう》一四年（一五八六）の計画段階からかぞえてもわずか一六年で地上からすがたを消すこととなった。その存在は創建当初の東大寺《とうだいじ》大仏殿《だいぶつでん》とくらべてもあまりにも短命だったといわざるをえないが、これからおよそ七年後の慶長一四年（一六〇九）ころになるとふたたび再建の槌音《つちおと》も聞こえ出すようになる（『義演准后日記』）。

しかし、すでにふれたように、この後に秀頼によって再建された大仏や大仏殿は、それそのもののすがたかたちからしても、またその目的からしても別のものと考えたほうがよいだろう。

よって、本書でも、慶長一四年以降に再建された大仏や大仏殿についてはふれないでおこうと思うが、それではそれ以前のもの、つまり秀吉によって建立された東山大仏の歴史的意義とはどのようなものだったのだろうか。最後にこの点について、これまでみてきたことを整理しつつみてゆくことにしよう。

東山大仏の歴史的意義

そこでまずは、それがなぜ大仏だったのか、というもっとも基本的な点についてである。これについては、あらためるまでもなく、東大寺《とうだいじ》大仏《だいぶつ》を意識したものだったといえるだろう。

第一章でみたように、東山大仏が当初、新大仏とよばれていたことや、また寺名が大仏とのみであった点からしても、この時期、国内で唯一、大仏と称せられる寺院の建立を秀吉がめざしていたことはあきらかだからである。

ただし、大仏と大仏殿を建立したからといって、秀吉とその政権がそれらに東大寺大仏のような鎮護《ちんご》国家《こっか》を託したといえるのかという点についてはなお慎重さが必要と思われる。なによりまずそのことを物語る史料が確認できないし、また第三章でみたように、地震で大破した大仏をまのあたりにして秀吉は、「仏力《ぶつりょく》柔弱《じゅうじゃく》をなげ」（『鹿苑日録《ろくおんにちろく》』）き、「かようにわが身を保《たも》てえざる仏体《ぶったい》なれば、衆生済度《しゅじょうさいど》はなかなか思いもよらず」（『当代記《とうだいき》』）と語っているからである。

もちろん、ここから逆に秀吉が大破した大仏に「衆生済度」を託していたとみることもできないわけではないが、しかしそうであるならば、すぐさま大仏の再建にとりかかっていたはずである。それをせず、わざわざ善光寺如来《ぜんこうじにょらい》を遷座《せんざ》させているところからしても、秀吉は思いのほか本尊にはこだわりをもっていなかったとみたほうが自然であろう。

このことは、二度にわたって兵火にみまわれた東大寺大仏がその再建にあたってなによりまず本尊の再建が優先されたという事実とくらべてみてもあきらかである。その意味では、東山大仏では本尊よりむしろ大仏殿のほうが重視されていたと考えざるをえないだろう。

実際、それを裏づけるように、造立《ぞうりゅう》のありかたが不明な大仏の存在に対して、大仏殿のほうは諸大名に集めさせた「日本六十余州《ろくじゅうよしゅう》の山木《さんぼく》」（『義演准后日記《ぎえんじゅごうにっき》』）によって建立されたことが当時から知られていたし、また畿内近国《きないきんごく》では、大仏殿普請の名目で豊臣政権の「山《やま》奉行《ぶぎょう》」による山支配《やましはい》が強化されたとも考えられているからである。[2]

このように、その普請に諸大名を動員しているところは、秀吉の城郭普請とも共通している。それは「大仏殿御普請手伝《だいぶつでんごふしんてつだい》」（『鍋島文書《なべしまもんじょ》』）ということばからもあきらかであるが、それとともに、それら城郭のうち聚楽第《じゅらくだい》・大坂城《おおさかじょう》・大津城《おおつじょう》の普請の時期と大仏殿建立の計画時期とが接近していたことにも注目する必要があろう。大仏殿がそれらの城郭と同一線上に位置づけられていたことが知られるからである。

もっとも、同一線上に位置づけられているといってもまったく同じではありえず、当然違いもみられる。その違いとは寺院と城郭といったような違いではなく、城郭が関係者以外に公開されていなかったのに対して、大仏殿のほうはむしろ一般に公開されていたという点であろう。

これもすでにみたように、大仏殿は普請段階からそれを見物する人びとがたえなかったし、また善光寺如来が遷座してきて以降は、「群集もってのほか」「市《いち》をなす」（『義演准后日記』）ほどのにぎわいをみせていた。そして、そのことがあったため、大施餓鬼会《おおせがきえ》をおこなうにあたって築かれた「大明《だいみん》・朝鮮闘死群霊《ちょうせんとうしぐんれい》のために築くところの塚」（『鹿苑日録』）＝鼻塚《はなづか》もまた大仏殿前におかれたのであった。

このように大仏殿には多くの人びとが集まってくることになったわけだが、それはつぎの点、つまり大仏殿がなぜ東福寺《とうふくじ》の近所、あるいは三十三間堂《さんじゅうさんげんどう》の附近に建立されたのかという点にもつながってくる。というのも、第一章でみたように、この地は、東山にあって京都（京中《きょうちゅう》、あるいは洛中《らくちゅう》）と奈良・大坂、あるいは東国《とうごく》・近江国《おうみのくに》をむすぶ交通の要衝《ようしょう》でもあったからである。

しかも、京都と東山をつなぐ五条橋《ごじょうばし》が大仏の前に移動させられ、この地の南方に伏見城《ふしみじょう》が築かれるにいたって、大仏殿付近の人びとの往来は否《いや》が応《おう》でもにぎわうことになった。

実際、それを裏づけるように、天正《てんしょう》一七年（一五八九）という比較的早い段階で、すでに「大仏堂西河原《だいぶつどうにしかわら》あたり」で「本願寺雑説《ほんがんじぞうせつ》」にかかわる「召人《めしゅうど》」（囚人《しゅうじん》）「男女小姓《だんじょこしょう》」「六十三人」がみせしめのため「磔《はりつけ》にかけられ」たということが知られている（『華頂要略《かちょうようりゃく》』）。

このように、ここまで本書でみてきたことを整理してみたとき、外国語史料ではあるが、一五八九年（天正一七）二月二四日付で日本副管区長《にほんふくかんくちょう》ガスパル・コエリョがイエズス会総長《そうちょう》にあてた一五八八年（天正一六）度・日本年報（『十六・七世紀イエズス会日本報告集』）にみえる東山大仏建立に関する記事の信憑性というものがにわかにうかびあがってくるように思われる。

そこには、秀吉が東山大仏を建立するのは、「釈迦《しゃか》への崇敬《すうけい》からでも、その他のいかなる偶像《ぐうぞう》に対する崇敬からでもない」としたうえで、三つの「もくろみ」があったと記されている。そしてそれらとは、一つに「民衆の心をおのれのもとに惹《ひ》きつけること」（「日本の人民は釈迦にいだくその愛情ゆえにこの建造物を大いに賞讃しかつ歓迎するにちがいない」）、二つに「みずからの野望と悪政を隠蔽《いんぺい》すること」(「みずからが幾多《いくた》の手練手管《てれんてくだ》で蓄積してきたものは、これを自分自身の懐《ふところ》に入れようとするのではなく、これらの建造物に費やそうとしているのだということを周知徹底《しゅうちてってい》させようとした」)、三つに「日本の民衆からすべての武器を取りあげ、あらゆる農夫、職人、庶民がその刀剣と武器を提出するように命じ、そのとおり実行に移した」ことにあるという。

このうち、三つめのもくろみがいわゆる刀狩《かたながり》にあたるものであることはいうまでもないが、このことからも日本語史料には明記されることのないほかの二つもある程度の事実をつたえているとみてよいのではないかと考えられる。

よって、ここまでの結論としては、大仏殿とは、秀吉やその政権にとっていわばプロパガンダ施設にほかならなかったということになるわけだが、もちろんそこに宗教的な意味合いもこめられていないというわけではなかった。

実際、大仏とよばれた寺院は大仏殿だけでなりたっていたのではなく、大仏住持《だいぶつじゅうじ》となった天台宗寺門派《てんだいしゅうじもんは》の聖護院門跡道澄《しょうごいんもんぜきどうちょう》の居所《きょしょ》である照高院《しょうこういん》やまた同じく天台宗山門派《さんもんは》の妙法院《みょうほういん》をはじめとしていくつもの坊舎《ぼうしゃ》が附属していたし、また第二章でみたように、その妙法院に建てられた大仏経堂《だいぶつきょうどう》では、「太閤様御先祖《たいこうさまごせんぞ》」とされた秀吉の祖父母の供養のため大仏千《だいぶつせん》僧会《ぞうえ》という大規模な法会《ほうえ》がおこなわれていたからである。

とはいうものの、これらも大仏殿建立の段階から計画されていたものではなく、そのきっかけとして、文禄《ぶんろく》四年（一五九五）におこった秀次《ひでつぐ》一族の滅亡という事件があったことには注意しなければならない。大仏千僧会がおこなわれることがふれられたのが秀次事件のわずか一ヶ月後、そして大仏住持が任じられたのもその直後など、矢継《やつ》ぎ早《ばや》にことがすすめられたことが確認できるからである。その意味では、このときになってはじめて東山大仏には明確な宗教的な意味合いがつけ加えられたともいえよう。

この大仏千僧会には、新儀《しんぎ》の八宗《はつしゅう》（天台宗《てんだいしゅう》・真言宗《しんごんしゅう》・律宗《りつしゅう》・禅宗《ぜんしゅう》・浄土宗《じょうどしゅう》・法華宗《ほつけしゅう》・時《じし》宗《ゆう》・真宗《しんしゅう》）が出仕《しゅつし》することになったが、その八宗のなかに法華宗や真宗など新仏教も加えられ、しかもその八宗が秀吉の先祖供養のためおよそ二〇年にわたって法会をおこないつづけたという事実は、近世、江戸時代の宗教（とりわけ仏教）のありかたを方向づけたという意味において注意しなければならない。

前者においては、それがそのまま近世の宗教秩序の基軸となったし、また後者においても、近世の仏教が先祖供養の宗教となる道筋をつけた[3]といえるからである。宗教的な意味合いがつけ加えられた東山大仏の存在が諸宗のありかたにも深刻な影響をあたえるようになったことが知られよう。

ところで、先にふれた一五八八年（天正一六）度・日本年報（『十六・七世紀イエズス会日本報告集』）には、実は大仏殿建立の「もくろみ」の四つめとして、「この建造物を造り終えた後、みずからに似せた彫像《ちょうぞう》をそのあたりに造ることであった。これによって民衆がみずからを神として奉《たてまつ》り崇《あが》めるようにしようとしたのである」という記事がみられる。

この四つめは秀吉の神格化《しんかくか》のことを語っていると思われるが、ただそのことが天正一六年、一七年段階であきらかになっていたとはにわかには信じがたい。その点で、やはり外国語史料のあつかいには慎重さが必要と思われるが、しかしそれでも「みずからに似せた彫像」というのはほかの史料でみられないものとして興味がひかれる。

というのも、よく知られているように、織田信長の神格化もまた安土城《あづちじょう》に建立された総《そう》見寺《けんじ》（摠見寺《そうけんじ》）と関連しつつ「信長はおのれみずからが神体であり、生きたる神仏」（『イエズス会日本年報』）として構想されたといわれているからである。(4)その意味では、その神格化の構想というのは、信長から秀吉へと総見寺・大徳寺総見院《だいとくじそうけんいん》・天正寺《てんしょうじ》・東山大仏のながれのなかでつたえられたといえるのかもしれない。

もっとも、この点についてもなお慎重な検討が必要と思われるが、ただそれでも大仏殿との関係で秀吉の神格化が構想されていたとつたえられている点は、第四章でみたように、新大仏に対する新八幡《しんはちまん》として祝《いわ》われることをのぞんだとされる秀吉の遺言とも通じよう。

この新大仏に対する新八幡に代表されるように、本書でみた豊臣政権の宗教政策とみられるものには、「新」紫野《むらさきの》からはじまって「新」大仏、「新儀」の八宗に「新」八幡と、既存のものに「新」や「新儀」ということばを冠するという特徴がみられる。(5)

独特のパターンというものがここからは読みとれるが、ただ、このことをもって、秀吉やその政権が新しいもの好きだったとか革新的だったとみるのは早計である。なぜなら、「中世の人々の処世観《しょせいかん》では、伝統と先例に従うことが善であり、新しいことはすべて悪だった(6)」とされているからである。

そのことは、「新儀」の八宗に対する醍醐寺《だいごじ》三宝院門跡《さんぼういんもんぜき》の義演《ぎえん》がみせた反応を思いおこせば容易に理解できようが、ここからは逆に秀吉の時代においてもなお、紫野や大仏、あるいは八宗や八幡といった、中世的な既存の記号を利用しなければ、文字どおり「新」たな関係を宗教とのあいだに築くことがむずかしかったとみるべきであろう。「仏力柔弱をなげ」き、本尊にはこだわりをもたなかったにもかかわらず、秀吉が大仏殿にこだわりつづけざるをえなかったのはまさにそのためであり、そしてこの点にこそ東山大仏の歴史的意義はもとめられなければならないのである。

註

(1) 辻善之助『日本仏教史　第七巻　近世篇之一』(岩波書店、一九五二年)、横田冬彦「中井正清

――棟梁たちをひきいた大工頭――」(『講座日本技術の社会史』別巻Ⅰ、日本評論社、一九八六年)、同「近世都市と職人集団」(高橋康夫・吉田伸之編『日本都市史入門 Ⅲ 人』東京大学出版会、一九九〇年三月)。

(2)藤田達生『日本近世国家成立史の研究』(校倉書房、二〇〇一年)。

(3)澤博勝『近世宗教社会論』(吉川弘文館、二〇〇七年)。

(4)朝尾直弘『将軍権力の創出』(岩波書店、一九九四年)。

(5)新多武峰と新大仏との関連については、すでに黒田智『中世肖像の文化史』(ぺりかん社、二〇〇七年)において指摘がなされている。

(6)佐藤進一『日本の歴史 9 南北朝の動乱』(中央公論社、一九六五年)。

図版一覧

表紙カバー　大仏殿とその周辺
『豊国祭礼図』、豊国神社所蔵
図1　奈良・東大寺大仏殿
写真　奈良市観光協会
図2　織田信長
写真　東京大学史料編纂所所蔵肖像画模本データベース（原本所蔵者、長興寺）
図3　京都・大徳寺総見院
図4　古渓宗陳
総見院所蔵。写真　竹貫元勝『古渓宗陳』（淡交社、二〇〇六年）より複写転載
図5　聚楽第
『聚楽第図屏風』、三井記念美術館所蔵
図6　大仏殿石垣
写真　国際日本文化研究センター所蔵
図7　風流踊
『上杉本洛中洛外図屏風』、米沢市上杉博物館所蔵
図8　毛利輝元〔公爵毛利元昭原蔵〕
写真　東京大学史料編纂所所蔵肖像画模本データベース（原本所蔵者、毛利博物館）
図9　大仏殿

『豊国祭礼図』、豊国神社所蔵
図10　大政所
写真　東京大学史料編纂所所蔵肖像画模本データベース（原本所蔵者、大徳寺）
図11　豊臣秀次
写真　東京大学史料編纂所所蔵肖像画模本データベース（原本所蔵者、瑞泉寺）
図12　大仏と妙法院
『京都明細大絵図』、京都市歴史資料館所蔵
図13　義演
醍醐寺所蔵
図14　日奥
東京大学史料編纂所所蔵
図15　玄以
写真　東京大学史料編纂所所蔵肖像画模本データベース（原本所蔵者、大雲院）
図16　甲斐・善光寺
写真　甲斐・善光寺
図17　善光寺阿弥陀三尊像
図　『角川新版日本史辞典』（角川書店、一九九七年）より複写転載
図18　西笑承兌
大光明寺所蔵。写真　『相国寺蔵西笑和尚文案』（思文閣出版、二〇〇七年）より複写転載
図19　耳塚

写真　白幡洋三郎氏所蔵。写真　白幡洋三郎『幕末・維新　彩色の京都』（京都新聞出版センター、二〇〇四年）より複写転載
図20　伏見城
『洛中洛外図屛風』、堺市博物館所蔵
図21　豊臣秀頼
写真　東京大学史料編纂所所蔵肖像画模本データベース（原本所蔵者、養源院）
図22　藤原鎌足
談山神社所蔵。写真　奈良国立博物館図録『談山神社の名宝』（二〇〇四年）より複写転載
図23　北野社
『上杉本洛中洛外図屛風』、米沢市上杉博物館所蔵
図24　吉田社
『上杉本洛中洛外図屛風』、米沢市上杉博物館所蔵
図25　秀吉の廟
『洛外図』、奈良県立美術館所蔵
図26　豊国社周辺
『洛外図』、奈良県立美術館所蔵
図27　滋賀・宝厳寺観音堂唐門
写真　宝厳寺
図28　大仏殿と秀吉の墳墓
『洛外図』、奈良県立美術館所蔵

あとがき

著者が現在所属している奈良大学からは、遠くに若草山と東大寺大仏殿の三角形の大屋根をのぞむことができる。また、非常勤講師としてお世話になっている京都女子大学の付近には、本書でくわしくみた京都の大仏殿や豊国社があった。

くしくもふたつの大仏殿のあいだを一週間のうちに往き来していることになるわけだが、本書が仏教書出版の老舗として知られる法藏館から刊行していただくことも考えあわせるならば、仏縁のしからしむところ、あらためて感謝の念を深くしなければならないと思う。

ところで、本書をなすにあたって、あらかじめこころがけたことがいくつかあったが、全体の構成上、本文中ではふれにくかったので、このあとがきでふれておきたいと思う。

その一つとは、まず、できるかぎり具体的なことがらや事実でもって本書であつかったような内容についてみてゆきたいということがあった。

もともと本書であつかった内容というのは、思想史的な観点からみてゆくことが可能であるし、またそちらのほうが理解しやすいという側面も少なくない。

実際、秀吉の神格化などについては、最近でも鍛代敏雄氏の『神国論の系譜』（法藏館、二〇〇六年）や曽根原理氏の『神君家康の誕生――東照宮と権現様』（吉川弘文館、二〇〇八年）といった評判の書物が刊行されていることからもこのことがうかがえる。それゆえ逆に、本書では思想史的な観点からはなれて具体的なことがらや事実だけでどこまで語ることができるのかということにチャレンジしてみたかった。

もちろん、その前提としては、著者自身が思想史的な素養にとぼしく、そのため本文中でも鍛代氏、曽根原氏のご著書にふれることすらできなかったという失礼もせざるをえなかったわけだが、それでもこのような方法をとることで、これまであまり注目されてこなかったことがらやほとんど知られてこなかった事実などに、少しは光をあてることができたのではないかと思われる。

その成否については読者の判断にゆだねるほかはないが、これとかかわって二つめとしては、たとえば、「国家的」といったような、いいかたはむずかしいが、いわば便利なことばをできるかぎりつかわないでおこうということがあった。

たとえば、大仏や大仏殿というものを素材としてあつかった場合、おのずと「国家的」な寺院とか、「国家的」な仏教といったことばをつかいたくなる。しかし、そのようなことばをつかったとたんにそれそのものがもっていたはずの特殊性や時代性、あるいは具体性を見失うだけでなく、それで何かを説明できたような気になって思考がとまってしまったり、逆に思考が際限なく広がることを危惧した。

もちろん「国家的」ということばはあくまで一例にすぎないが、本書では、できるかぎり史料にそくして、史料にみえることばのほうにこだわることにした。そのためかえって読みにくくなったところが増えたかもしれないが、読者にはなにとぞこの点をご理解いただきたいと思う。

ところで、あらためるまでもないことだが、史料でみることのできる範囲の具体的なことがらや事実が積みかさなり、時間軸でならべられることによって歴史のながれは形づくられてゆくわけだが、本書では、そのながれをできるかぎり予定調和的にみないようにつとめた。

これが三つめとしてこだわったことであったが、たとえば、本書でふれたような宗教政策にかかわらず、政策（もちろん、このことばも当時は存在しないが）といえば、何かつねに最後までみとおして、ときの権力者（本書の場合、秀吉）が行動し決断しているかのように思われがちである。

しかし、現代世界を見まわしてもあきらかなように、権力者が当初の行動や決断を状況にそくして転換していったり、また場面場面でぎりぎりの判断を迫られることがけっして少なくないことを踏まえるならば、秀吉の場合でも同様だったはずである。そのため本書では、できるかぎり結論を先まわりせずに秀吉やその政権がおかれた状況というものに注意をはらうことにした。

もっとも、そのいっぽうで、ひとりの権力者やその政権が個性をもっている以上、それらが時代の制約をうけつつも独特のパターンを示すことは当然あり、むしろ本書ではこちらをすくい取ることのほうに力点をおいた。おそらくそのほうが時代と直面して苦悩する人びとのすがたや特徴、あるいは限界といったようなものに少しでも光をあてることができるのではないかと考えたからである。

もちろん、この点の成否についても読者の判断にゆだねるほかはないが、いずれにしても本書が少しでもながい時間の審判にさらされ、またあらたな研究の登場によって書きかえられる対象となるように祈りたいと思う。

最後に、本書の刊行にあたって、多大なご無理、ご苦労をおかけした法藏館の戸城三千代編集長ならびに編集部の田中夕子氏に深甚の感謝のことばをささげたいと思う。

二〇〇八年一〇月一日

河内将芳

河内将芳（かわうち　まさよし）

1963年大阪市に生まれる。1987年京都府立大学文学部卒業。1999年京都大学大学院博士課程修了。京都大学博士（人間・環境学）。1987年甲南中学・高等学校教諭、2001年京都造形芸術大学芸術学部専任講師、2003年同助教授、2005年奈良大学文学部助教授、2007年同准教授，現在に至る。主な著書に，『清水寺史　第二巻　通史（下）』（共著、法藏館、1997年）、『中世京都の民衆と社会』（思文閣出版、2000年）、『中世京都の都市と宗教』（思文閣出版、2006年）、『祇園祭と戦国京都』（角川叢書、2007年）などがある。

シリーズ　権力者と仏教
秀吉の大仏造立

二〇〇八年一一月一七日　初版第一刷発行

著　者　河内将芳
発行者　西村明高
発行所　株式会社　法藏館
京都市下京区正面通烏丸東入
郵便番号　六〇〇-八一五三
電話　〇七五-三四三-〇〇三〇（編集）
〇七五-三四三-五六五六（営業）

装幀者　山崎　登

印刷・製本　亜細亜印刷株式会社

ISBN 978-4-8318-7583-9 C 1321